FACEBOOK
Ads *Instant*

IVÁN DE BENITO

ISBN: 978-1539847342

DEDICATORIA

A todos los empresarios y empresarias del mundo.
A los que se atreven a dar vida a sus ideas.
A los que demuestran a su entorno que se equivocaron al decir "no te va a ir bien".
A los profesionales que se forman en dar siempre lo mejor de sí mismos.
A los que saben que ofrecen algo increíble a las personas.
A los que cambian vidas.
A los que le ponen pasión y corazón a cada segundo del día.
A los que quieren cambiar el mundo.
A ti.

ÍNDICE

INTRODUCCIÓN

Querido profesional/empresario,

El libro que tienes entre manos es la semilla que contiene el potencial para hacer crecer tu negocio. Nunca antes habíamos tenido una oportunidad tan increíble de acceder a nuestro cliente ideal, en el lugar donde está a diario (Facebook), con una inversión tan pequeña y rentable.

Permíteme que me presente, mi nombre es Iván de Benito y ayudo a profesionales y empresas a ser más visibles y tener más ventas usando Internet. A lo largo de estos últimos años he fundado diferentes compañías en Internet y me he formado con grandes profesionales de diferentes áreas.

De todo ello he aprendido que no hay "atajos", pero sí caminos que no llevan a ningún lado...que hay mucha información, y sin embargo poco conocimiento... pero sobre todo he aprendido que nada pasa por casualidad sino fruto de seguir ciertas pautas y estrategias.

Por eso en este libro quiero compartir contigo estrategias e ideas para que las pongas en funcionamiento en tu estrategia de Facebook Ads con la intención que te inspiren, te resulten muy útiles y te animes a ponerlas en funcionamiento. Recuerda: las ideas sin acción se quedan sólo en ideas.

Coincidirás conmigo en que los negocios necesitan clientes a quienes poder ayudar y ofrecer sus servicios. Y sin embargo es la asignatura pendiente por excelencia. No sé si es por nuestra tendencia a formarnos sólo "en lo nuestro" y pensar que "si lo mío es bueno, los clientes vendrán"; o si por el contrario es por falta de conocimientos especializados. Imagino que una mezcla de ambas.

Lo que tengo clarísimo es que no importa que tengas las magdalenas más ricas de tu zona si no dispones de un ventilador que ayude a esparcir su olor y atraer clientes potenciales. Es como la típica pregunta de..."¿Cuánto ruido hace un árbol al caer? Respuesta: Depende de donde caiga. Si cae a las afueras de la cuidad posiblemente ni lo oigas.

Lo mismo sucede con tu negocio. Si no hace "ruido al caer" es que nadie lo conoce, y no vendes.

Y como te digo, ahora tenemos una gran oportunidad para mostrar lo que hacemos al mundo, lograr llegar a aquellas personas que pueden tener más afinidad con nosotros o nuestra empresa y lograr que algunas/muchas de esas personas se unan a nuestro "movimiento" y sean clientes nuestros.

Hasta hace años, cuando se hablaba de publicidad sólo teníamos estas opciones:

- ✓ Invertir un dineral en televisión o radio... lo cual no es ni mucho menos una inversión asequible para un pequeño negocio o un profesional que empieza

- ✓ Invertir en prensa o hacer flyers... eso es lo que yo llamo "matar moscas a cañonazos", disparar a todo y conformar con lo que viene...

- ✓ El boca a boca... efectivo y necesario, aunque lento y poco predecible salvo que tengas una gran lista de "fans" en tu negocio

Vistas esas posibilidades tan "prometedoras" es normal que surja en ti la resignación y...

✓ Te siguas formando "en lo tuyo" pensando que con más formación vendrán más clientes
✓ Decidas que en otro momento pensarás cómo resolverlo
✓ Hables con tus amigos y compañeros de profesión para que te aconsejen
✓ Te tomes un "descanso" para pensarlo con calma
✓ Y vuelta a empezar...

La lista de distracciones y excusas en estas situaciones es interminable. Es curioso que esperemos resultados diferentes cuando no cambiamos ninguna de las causas.

Todo cambia sólo cuando cambian las causas... si no, siempre tendremos los mismos resultados. Maquillados de un modo o de otro, pero los mismos.

La mente humana (mal dirigida) es una fuente increíble de miedos. Y lo sé precisamente porque a mí también me ha sucedido... Frases como... "¿Y si pruebo esto y no funciona?", "¿Dónde va a salir el próximo euro?", "¿Y si pierdo todo el dinero haciendo publicidad y tengo que dejar mi piso?", "Mejor me dedico a otra cosa que esto no es lo mío"...

Y un largo etcétera de pensamientos que en algún momento u otro a todos nos pasan por la cabeza.

Sin embargo, puedes decidir enfocar tu mente en "haré lo que haga falta, aunque en el camino me equivoque" , "estoy comprometido a aprender un modo de captar clientes y solucionar este problema",... y otras muchas frases que seguro que te vienen a la cabeza.

Por eso creo que invertir en conocimiento es la inversión más rentable que hice nunca en tiempo y dinero porque siempre conlleva un cambio. Un cambio en tu situación personal, familiar, profesional... todo está relacionado. Y por eso es tan importante comprometerse.

Con este libro quiero ayudarte a que conozcas las bases para generar clientes consistentes a través de la publicidad en Facebook.

La publicidad en Facebook bien aplicada es el medio más rentable y efectivo para difundir tu mensaje.

Y no sólo veremos la parte técnica. Además de enseñarte la parte "técnica" desde cero, soy consciente que me tocará sacudir viejos paradigmas e ideas preconcebidas sobre la publicidad una tras otra. Ideas como..."hay que invertir mucho dinero", "eso en mi negocio no funcionará", "no creo que sea rentable"...

Pero no importa. Lo haré. Y lo haré con todo el cariño del mundo porque sé cómo cambia la vida cuando uno toma la responsabilidad y se dinamitan de una vez por todas las excusas una tras otra.

Sé por experiencia que cualquier profesional con un mensaje que sintonice con el número suficiente de corazones, tiene una repercusión en horas que hace años era inimaginable. Puedes ver ejemplos a diario de ello.

Si estás leyendo este libro intuyo que es porque algo dentro de ti te dice que, si haces publicidad en el lugar donde las personas pasan más del 30% de su día, puedes tener mayor visibilidad para tu negocio. Y obviamente quieres aprender cómo aprovecharlo al máximo.

Te aseguro que al finalizar este libro dominarás la ciencia de la publicidad en Facebook (Facebook Ads) y sabrás:

✓ **Elegir a quién le muestras tu anuncio de forma súper específica.** Con Facebook Ads puedes elegir a tu cliente ideal con la misma precisión que un cirujano emplea su rayo láser para operar. ¿Te imaginas mostrarle tu mensaje sólo a tu cliente ideal?

✓ **Con presupuestos adaptados a tu situación.** Olvídate de los costes de un anuncio por televisión o radio... aquí puedes obtener clientes por menos de lo que vale un café en cualquier cafetería.

✓ **Lograr resultados increíbles e inversiones rentables.** Son matemáticas simples. Si invierto 10€ y consigo un cliente de 500€, tengo un retorno positivo en mi publicidad. ¿Verdad? Así de simple y efectivo.

Créeme cuando te digo que Facebook Ads es un trampolín increíble para tu negocio.

En este libro encontrarás paso a paso desde los conceptos más básicos de Marketing hasta consejos e indicaciones fruto de años de experiencia en anuncios en Facebook. Lo mismo que comparto con mis clientes será accesible para ti.

¿Y lo más mágico de esto sabes qué es? Que con esta fórmula, en lugar de salir tú a buscar clientes, serán ellos los que hagan cola en la puerta de tu negocio. Y tú, que tienes un producto o servicio excelentes, sólo has de ocuparte de servirles y ayudarles lo mejor que sepas.

Sólo necesitas tu ordenador, conocimientos elementales de marketing y aprender el funcionamiento básico de Facebook Ads para atraer clientes deseosos de trabajar contigo. Nada más.

Te prometo que de ahora en adelante lograr clientes será una tarea agradable que no requerirá más esfuerzo que el que estás haciendo sosteniendo este libro.

Deseo que estas páginas te sirvan de catapulta, que te inspiren, que las hagas tuyas y las pongas en práctica para alcanzar de una vez por todas los resultados que llevas tiempo buscando.

¿Sigues aquí conmigo? Me lo suponía. Cuando cogiste el libro ya supe que tenías todo lo necesario.

Ahora ponte cómodo, y saborea este libro como un buen vino, porque es el comienzo de un cambio. Tu cambio.

¡Que lo disfrutes!

1. HOLA, FACEBOOK

Necesitas una página de Facebook

Lo sé.

Puede que empezaras con prisa tu empresa y en ese momento decidieras que te bastaba con tu perfil personal. O puede que ni siquiera te lo hubieras planteado y hayas creado un GRUPO de Facebook o un perfil de usuario.

Pero en este libro quiero ayudarte y si te dijera que eso "está bien y no pasa nada" te estaría engañando. Y lo que más deseo es que tengas resultados. Así que vamos a empezar por el principio.

¿Sabes ya por qué necesitas crearte una página de Facebook si quieres dar forma a tu imperio (sí, me refiero a tu negocio)?

Aquí te expongo varias razones:

1) **Si usas un perfil personal para publicar el contenido de tu empresa das una imagen de poca profesionalidad.** Basta que te fijes en lo que hacen Nike, Adidas, McDonalds o profesionales como Josef Ajram, Raimon Samsó o Tony Robbins

2) **Además de esto, los términos y condiciones de Facebook te lo prohíben.** Sí, está prohibido, y ¿sabes cuál es el castigo por incumplirlo? El cierre del perfil. Todo tu trabajo tirado a la basura. Por eso quiero concienciarte de eso, para evitarte una situación

desagradable.

3) **Si usas un usuario personal de Facebook estás limitado a 5000 personas.** Y no quieres limitar tu imperio a 5.000 personas, ¿verdad? Imagínate qué papelón escribiendo: "Ya no puedo tener más seguidores. Disculpad las molestias". Créeme, ese no es el tipo de publicación que quieres escribir.

4) **Sólo teniendo una página de Facebook tienes acceso a un módulo de estadísticas súper completo.** Ese módulo te permitirá ver cosas tan interesantes como a cuantas personas llegan tus publicaciones, el incremento o decremento de fans el último mes, cómo es el rendimiento de tu página comparado con la de tus referentes, etc.

Así que, ahora ya sabes todos los motivos por los que necesitas tener una página de Facebook y no un perfil de usuario en Facebook. Para crearla puedes hacerlo desde aquí:

https://www.facebook.com/pages/create.php

Si cometiste el despiste de crearte un usuario, déjame decirte que es más fácil que nunca transformar tu perfil personal en tu página de empresa. Aquí tienes varios enlaces que te guiarán en el proceso:

https://www.google.es/webhp?sourceid=chrome-instant&ion=1&espv=2&ie=UTF-8#q=transformar%20perfil%20facebook%20en%20pagina

Tengo una mala noticia: tus fans no leen todo lo que publicas

Sí, lo sé. Acabo de decirte que te crees una página de Facebook y ahora te digo que tus fans no van a leer todo lo que publicas. Pero te pido un favor: confía en mí, sé que lo que necesitas es una página. Más adelante te explicaré por qué.

Y ahora volvamos al tema... ya te di la mala noticia. No, no todos tus fans leen todo el contenido que escribes. Si ya administras alguna página de Facebook te habrás dado cuenta que normalmente el contenido que publicas no llega a todas las personas. Es decir, que por muchos fans que tengas no llegas a todas las personas y eso hace que seas invisible, como si no existieras.

De hecho, según diversos estudios se estima que sólo entre un 10% - 16% de tus fans leen el contenido que publicas en tu página de Facebook.

Antes de enfadarnos con Facebook date cuenta que este sistema tiene todo el sentido del mundo para ti y para Facebook. Ambos ganáis.

Para ti, porque si no hubiera un "filtro" que decidiera qué publicaciones mostrarte, las publicaciones que te aparecerían en tu página de inicio de Facebook serían todas y cada una de las publicaciones de las páginas en que eres fan y de todos tus amigos. ¿Te imaginas? Si tienes muchos amigos y eres fan de muchas páginas necesitarías ¡más de 1hora para estar al tanto de todo! (y al acabar tendrías que volver a empezar para seguir actualizado). Una locura, ¿verdad?

Y tiene sentido para Facebook, porque así como usuario puede mostrarte más acerca de tus amigos y porque, como propietario de una página de Facebook, si limita tu visibilidad puede incitarte a que pagues por promocionar las publicaciones de tu página y hacer de ese modo que lleguen a tus fans. Con lo cual Mark Zuckerberg (su fundador) y todos sus accionistas están muy contentos ;)

Casi estoy oyendo tu próxima pregunta... Entonces, Iván, ¿Cómo logro llegar a mis clientes potenciales?

La solución es Facebook Ads

Ya sabrás que el modelo de negocio de Facebook (la forma cómo gana dinero) es por la publicidad. No tiene ningún sentido que una red "social" cobre a las personas que forman parte de ella, porque de ese modo estarían cavando su propia tumba y nadie querría pertenecer a ella. Pagar por formar parte de una red social salvo excepciones no funciona salvo que sea algo exclusivo o con un valor añadido grande. Redes como Meetic por ejemplo lo hacen, de ese modo se aseguran que las personas que forman parte de esa red quieren encontrar pareja y no están "pasando el rato".

El caso de Facebook es diferente. Es lo que se conoce como una red social generalista para todos. Con lo cual es evidente que han de buscar un nuevo modo de ganar dinero, y normalmente esto en la mayoría de redes sociales pasa por permitir a otras empresas que se publiciten a través suya.

Es decir. La empresa intermediaria (Facebook) ayuda a los anunciantes (tú) a conseguir clientes para su negocio... y ayuda a los usuarios (tus clientes potenciales) a que encuentren buenas oportunidades sin cobrarles por nada.

Desde que se creó Facebook, su objetivo ha sido hacer una plataforma en la que las personas interactúen, suban sus fotografías, puedan estar al tanto de sus intereses... y en el momento adecuado empezar a generar dinero con ello.

Y no sólo generar dinero, sino generar MUCHO dinero. Su objetivo es tener la mejor plataforma de publicidad del mundo. Por eso cada vez nos incentivan más a rellenar y completar más información. Y está bien. Es un negocio. Aceptas sus condiciones o te marchas, tú decides.

Referente a la publicidad, al principio Facebook Ads no era todo lo rentable o intuitivo que se podía esperar. Por ese motivo sólo se anunciaban grandes marcas que podían permitirse invertir el suficiente presupuesto en "generar reputación" o hacer algunas ofertas puntuales para probar ese nuevo sistema.

Y ese no era el objetivo de Facebook ni mucho menos. Facebook quería llegar a todo el mundo, al comerciante de la calle, al profesional experto y a cualquier comercio electrónico de pequeño o gran tamaño. Además, con Google Adwords (la publicidad pagada en Google) tampoco lo tenían fácil ya que Google es el mayor buscador de Internet.

Pero, ¿sabes qué? que lo consiguieron,... ¡vaya si lo consiguieron! En cuestión de meses aumentaron un 20-35% su facturación en publicidad.

¿Y cómo lo hicieron para aumentar considerablemente sus beneficios? Fácil. Crearon una aplicación móvil fácil de usar y rápida a la que sus usuarios quisieran entrar varias veces a diario... e inyectaron su publicidad allí también.

Si lo piensas bien tiene todo el sentido del mundo. Por aquel entonces el 35-40% de tráfico era móvil (actualmente es un 65%) y viendo las tendencias en los últimos meses decidieron que se iban a hacer fuertes en el teléfono móvil.

Ahora Facebook te permite llegar a tu cliente ideal (sea fan de tu página o no) de forma híper especializada. Y créeme que

Facebook cuida muy bien a sus anunciantes y se ocupa de de que...

✓ **La publicidad que hagas sea rentable.** Obviamente, tú serás el que le indicarás cuál es tu objetivo y que quieres conseguir con la publicidad (entraremos en ello más adelante). En cuanto lo hagas, ejecutará con brillantez tus órdenes como el mejor de tus comerciales.

✓ **Generar una cola de clientes a tu web.** Te trae (literalmente) clientes potenciales a la cola de tu negocio. En ese momento tú sólo has de ocuparte de mostrarles lo que haces... y cerrar tratos.

✓ **Que sea sencillo de usar.** Se trata de que cualquier persona que se interese por aprender cómo funciona (lo que estás haciendo ahora mismo con este libro) sea capaz de trabajar con su sistema de publicidad.

✓ **...Y que ganes dinero con ello.** Cuanto más dinero, mejor, porque estarás feliz por haber ganado dinero, de haber creado tu propia fuente de clientes y reinvertirás parte de esos beneficios en ellos de nuevo y ellos seguirán ganando dinero

Y créeme cuando te digo que lo hacen bien. MUY bien.

Y lo hace respetando la privacidad de sus usuarios: Facebook no vende nunca tus datos directamente, si no el conocimiento que tiene sobre ti.

Es decir, como anunciante puedes elegir datos muy concretos y precisos sobre tu cliente ideal y mostrarles un anuncio sólo a las "chicas, mayores de 30 años, a las que les gusten las gafas de sol y vivan en Mallorca".

Imagínate, si eres una empresa en Mallorca que anuncia gafas de sol para chicas o una óptica ¡eso es un lujo! Publicidad enfocada, que da resultados y directa al corazón de tu cliente.

¿Y por qué funciona tan bien? Porque, básicamente, es una de las bases de datos más grande y segmentada por intereses del mundo. Tiene todos los datos disponibles de multitud de personas. Datos como pueden ser... donde vives, tu sexo, qué tipo de páginas te gustan, tus aficiones, si te gusta el paracaidismo o el submarinismo, si eres un usuario que compra en Internet, desde qué dispositivos entras a Facebook,... y en general TODO lo que se te pueda ocurrir y más.

En mi experiencia, en la mayoría de casos en que no se consiguen clientes a un bajo precio, suele ser por un mal uso que se hace de la herramienta. Pero bien empleado, Facebook Ads es una herramienta a tu servicio, tu comercial 24h los 7 días de la semana. Tú le indicas a "quién ha de visitar" y "qué ha de decirle"... y Facebook Ads ejecuta.

Con esta premisa, desde luego que tu inversión publicitaria es mucho más rentable porque, en lugar de invertir miles de euros en un periódico generalista o en la radio estás invirtiendo en EL PERIODICO que lee varias veces cada día tu cliente potencial (Facebook).

Sé que estás deseando un ejemplo de esto... pues allá va. Imagínate que eres un profesor de yoga en Bilbao y quieres captar nuevos clientes. Podrás configurar un anuncio orientado a:

- mujeres entre 25 y 60
- que les guste la meditación y el yoga
- que vivan en Bilbao (o estén de viaje por Bilbao)
- que sean fans de las páginas más conocidas de Yoga (B.K.S IYengar, Bikram Choudhury ...)

Coincidirás conmigo en que si le mostramos publicidad a una mujer de este perfil, creando un buen anuncio con un buen mensaje... tienes muchas más posibilidades de tener más resultados con una menor inversión. ¿Verdad?

Ahora comprendes por que al principio del libro te dije...

Creo firmemente que si eres capaz de tocar el corazón de muchos "clientes ideales" no tendrás ningún problema por falta de clientes en tu negocio.

¿Publicidad en Google... o en Facebook?

Hace años se decía que Google era un "mercado" y Facebook una "discoteca".

Esto se decía porque las personas en Google buscaban solución a sus problemas (con lo cual su mentalidad es aparentemente más propensa a comprar) y en Facebook buscan comunicarse con sus amigos, ver a sus celebrities, seguir sus series favoritas, etc.

Es posible que tú también te hayas hecho esta o algunas otras preguntas como... "¿de verdad es rentable hacer publicidad en Facebook?", "¿no será tirar el dinero la inversión que haga?", "yo es que nunca he comprado nada en Facebook o no entro mucho",... ¡Enhorabuena por esas preguntas, son súper habituales!

Muchos de mis clientes me comentan "Iván, ¿y no será mejor hacer publicidad en Google?". No voy a ser yo ahora quien hable mal de Google ni mucho menos. Es un medio efectivo, por supuesto que sí, pero a nivel económico requiere más inversión que Facebook. Ahora hay demasiada competencia.

Para que puedas comprenderlo mejor te voy a poner un ejemplo. Imagina que eres coach en Madrid y deseas llenar un taller que tiene un precio de 97€. En Google, a diferencia de en Facebook, la publicidad se hace pagando por salir posicionado con ciertas "palabras clave". En nuestro caso la palabra clave podría ser "coach madrid".

En la mayoría de sistemas de publicidad se paga por clic. Ya te explicaré más adelante pero en este punto basta que sepas que CPC es el acrónimo de Coste Por Clic.

En Google, al haber mucha más competencia, los CPC son mucho más altos. Hay muchos coaches pagando dinero por que hagan clic por palabras clave como "coach Madrid", "coaching Madrid", etc. En este caso particular el coste por clic son 2€. Eso te cuesta cada clic de un cliente potencial.

Teniendo esto claro, vamos a hacer una tabla comparativa para ver el coste y la rentabilidad de Google y Facebook.

	Invertido	CPC	Visitas	Conversión	Clientes	Beneficio
Google	100€	2€	20	5%	1	97€ - 100€ = -3€
Facebook	100€	0,2€	200	5%	10	970€ - 100€ = 870€

En la tabla de arriba la conversión es el porcentaje de personas que te visitan y acaban comprando. Como ves, siendo los mismos datos (salvo por el coste por clic) la diferencia es abismal.

Es más, aunque el porcentaje de conversión en Facebook fuera menor (imagina que consigues sólo un 2%), sigues teniendo más beneficios con Facebook.

	Invertido	CPC	Visitas	Conversión	Clientes	Beneficio
Google	100€	2€	20	5%	1	97€ - 100€ = -3€
Facebook	100€	0,2€	200	2%	4	288€ - 100€ = 288€

Por eso es por lo que siempre recomiendo Facebook como opción prioritaria para mis clientes salvo excepciones.

Menores costes, mayores retornos. Matemáticas que hasta un niño de primaria conoce.

Obviamente no es lo mismo vender un producto o servicio de 4900€ que uno de 37€, las tácticas o estrategias a emplear en cada caso son diferentes, pero como puedes ver hay una oportunidad increíble en realizar publicidad en Facebook.

Una oportunidad increíble que por supuesto sabrás aprovechar cuando hayas finalizado la lectura de este libro.

2. CONCEPTOS BÁSICOS DE MARKETING

Como te dije este libro está pensado para profesionales como tú, que quieren hacer crecer su cartera de clientes a través de Facebook.

A lo largo de este libro no obstante, vamos a hablar de algunos términos que se emplean en Marketing así que creo necesario este breve capítulo para explicártelos, aclarártelos para que una vez los hayas comprendido puedas avanzar con total seguridad y claridad en los próximos capítulos.

Alcance

La palabra "alcance" no es otra cosa que el número de personas potenciales a los que vas a hacer llegar tu mensaje. Si por ejemplo hablamos de la población de Madrid estaremos hablando de unas 3.700.000 personas según Facebook.

Si hablamos de personas en Madrid con intereses en los negocios, estaremos hablando de 1.100.000 personas. Ese es el alcance potencial al que podemos hacer llegar nuestro mensaje.

Impresión

Una impresión es cada vez que le aparece tu anuncio a una persona. Imaginemos por ejemplo que abro Facebook por la mañana, y veo un anuncio de Sergio Fernández (un conocido coach). A media mañana un amigo mío entra en Facebook y ve el mismo anuncio. A la tarde entro de nuevo y veo el anuncio. Y antes de acostarme, vuelvo a entrar en Facebook y veo el mismo anuncio.

Si has ido contando las veces que hemos visto el anuncio (si no, hazlo por favor) en total suma 4. Pues bien, podemos decir que el anuncio de Sergio ha tenido 4 impresiones.

Clic

Cada vez que una persona pulsa en un anuncio nuestro...eso es un clic.

CTR (Click Through Rate)

El CTR o Ratio de clic, lo que mide es el porcentaje de clics con respecto a las personas a las que se le ha mostrado el anuncio. Y es un indicador que se mide en PORCENTAJE.

Si tu anuncio ha tenido 2 impresiones (se ha mostrado a 2 personas) y las 2 hicieron clic... tienes un CTR de 100% (2 dividido entre 2). Si tu anuncio se ha mostrado a 20 personas y tienes 2 clics... tienes un CTR de un 10% (2 dividido entre 20). Y así sucesivamente...

Por norma general un CTR bajo indica que el anuncio no es atractivo para tu cliente.

Coste Por Clic (CPC)

El CPC es una de las formas de pago más habituales en la publicidad. Consiste en que el anunciante (tú, en este caso) paga a la plataforma donde se anuncia (Facebook) un precio por cada clic que recibe de un usuario (tus clientes potenciales).

Si tienes 0,10€ de CPC, quiere decir que pagas 10 céntimos por cada clic que un cliente hace en tu anuncio.

¿Y cómo se determina ese precio? En función de 2 variables:

- **Lo que estés dispuesto a pagar.** En este caso Facebook pone a competir a todos sus anunciantes en una puja. Los anunciantes literalmente pujan por mostrar su anuncio ante clientes potenciales. De este modo si una empresa puja 10 céntimos y otra 30 céntimos, Facebook inicialmente tenderá a mostrar más los anuncios de la empresa que paga 30 céntimos. Obviamente también mostrará los de 10 céntimos porque si no lo estaría penalizando, pero los mostrará menos. Ahora bien, hay otro indicador clave que puede hacer que se giren las tornas...

- **Lo "bueno" que sea tu anuncio.** Facebook no es tonto, y sabe que si sólo muestra los anuncios del que paga más pero son anuncios que no interesan para nada a la persona que lo ve... está desvirtuando la calidad de su red social y perdiendo la posibilidad de que otra empresa que sí que aporta más valor genere negocio a través suya.

Por ese motivo, cuando un anuncio genera mucho interés siempre que se muestra, tiende a priorizar ese anuncio frente al otro y, aunque el otro anunciante pague mucho dinero, saldrán más los anuncios del anunciante que genera interés.

Es la manera que tiene Facebook de decirte: ¡Hey, puedes hacerlo mejor! Es más, no sólo te da una palmadita en la espalda si no que reducirá tu coste por clic así que pagarás menos por cada clic que hagan en tu anuncio. Interesante, ¿verdad?

Coste Por Mil (CPM)

Es el coste por cada mil impresiones. En este caso, el anunciante (tú) paga a Facebook por cada 1000 veces que aparece tu anuncio en el muro de tus clientes potenciales.

Si le aparece a 1000 personas y el CPM son 5€, pagas 5€. Si le aparece a 10000 personas y el CPM son 5€, pagas 50€. Independientemente del número de clics que hagan en tu anuncio.

Y esta es toda la terminología básica de Marketing que has de conocer... puede que vayan apareciendo otros términos interesantes pero te los iré explicando en su momento. Por el momento con esto es suficiente.

3. MENTALIDAD DE MARKETING

En estos últimos años he trabajado con multitud de profesionales y empresarios y sé por experiencia que hay elementos clave que deben aclararse antes de empezar cualquier estrategia de Marketing. Como irás viendo, **el marketing consiste en dar a conocer lo que haces a un número de personas cada vez mayor.** Eso es todo.

A partir de ahí, nuestra imaginación empieza a rellenar y completar esa idea con nuestros anhelos y deseos más internos. Por ejemplo pensamos que todo va a ser rápido, fácil y milagroso. O que es lento, difícil y no funcionará. Según sea el caso.

Como te dije al comienzo del libro, me he dado cuenta que hay una serie de creencias, paradigmas y mentalidades muy concretas que ayudan a que el proceso de marketing resulte más efectivo y puedas tener mejores resultados. Y otras que boicotean toda evolución, mejora y resultados.

A pesar de que este es un libro que trata sobre cómo hacer buena publicidad en Facebook, quiero explicarte más acerca de esta mentalidad adecuada que te ayudará a tener mejores resultados.

Porque sé que las herramientas son sólo herramientas (en este caso Facebook), pero si enfocamos este proceso de crear publicidad en Facebook con la mentalidad equivocada... te aseguro al 100% que obtendremos peores resultados o estaremos dándole fuego a "ilusiones" que acabarán generando frustración y falta de resultados.

Prueba social

Entras a un pub dispuesto a tomarte una rica cerveza mientras escuchas música en directo. Pides, la camarera te la sirve, te sientas en una mesa y empiezas a disfrutar de tu cerveza y la música cuando tras 5 minutos en el local... entra una persona. Los músicos gritan su nombre por el micrófono y le saludan, las camareras en cuanto le han visto entrar por la puerta le están sirviendo "su cerveza favorita". Inevitablemente provoca en ti un diálogo interior: "¿quién será? parece alguien importante en este pub. ¿Será el dueño? O quizá es un buen cliente que siempre deja propina. Wow, me encantaría conocerlo un día de estos ".

Fíjate que ni lo conoces, y ya estás pensando "bien" de él. Ha entrado en juego un mecanismo que en psicología se le conoce como **"prueba social"**. El principio de prueba social es una ley de psicología que explica que solemos considerar un comportamiento o forma de pensar como válidas cuando vemos a otros individuos hacerlo.

Esto sucede también por ejemplo cuando buscamos pareja (por eso cuando un chico una chica tiene pareja es percibido con más deseo por las personas solteras) y en otros muchos ámbitos de nuestra vida.

¿Y qué tiene que ver esto contigo? Pues mucho. En tu negocio también existe prueba social y cuanta mayor prueba social muestres... más fácil te será conseguir nuevos clientes.

Si tienes testimonios de clientes con los que has trabajado y han tenido buenos resultados, si tienes muchos seguidores en Facebook y agradecen todo lo que les aportas a diario, etc. Todo eso genera prueba social y ayuda a los nuevos seguidores a unirse a tu movimiento.

En otras palabras...mostrar lo que haces de forma efectiva con la suficiente prueba social, ayuda a aumentar tu proyección exterior y a hacerte destacar frente a tus compañeros de profesión.

Y es normal. Cada vez que contratamos a un profesional corremos un riesgo (el riesgo de invertir erróneamente). Por eso tu cliente potencial, antes de contratarte está buscando modos de decidir si eres la mejor opción para él o quiere trabajar con otra persona que le inspira más confianza.

Y un ingrediente poderoso y decisivo que infunde confianza es la prueba social. No hay nada más convincente que el caso real de un cliente al que ayudaste con el mismo problema que tiene tu cliente potencial.

La paciencia infinita provoca resultados inmediatos

Imagina que sales de fiesta y conoces a una persona que te atrae. Y a los 5 minutos de conocerla le dices... "bueno, qué, ¿te apetece venirte a mi casa? podemos poner unas velas, tomarnos unas copas..."

¿Qué reacción crees que va a tener esa persona? Ya te lo adelanto... en un 99% de las veces se sentirá ofendida y se marchará (eso si no te da un bofetón).

Con el marketing sucede exactamente igual. La mentalidad de la mayoría de empresarios es querer buscar resultados ya y ahora, lo cual es contra intuitivo. Piensa en algún servicio que hayas querido contratar en estos últimos meses... imagina que la persona que te lo vendió hubiera hecho lo imposible para "endosártelo". Llamadas 2 o 3 veces al día, descuentos, e incluso emplear técnicas de manipulación para influirte a hacer algo que no quieres. Como resultado de todo eso, proyecta su ansiedad, te da mala espina y acabas por no comprarle...y no sólo eso, sino que lo bloqueas del móvil y no lo recomiendas nunca más.

¿Y por qué sucede eso? Porque querer resultados tan rápidos demuestra una falta de confianza y de paciencia en tu producto o en la estrategia de marketing que estás empleando. Igual que el que entierra una semilla y la desentierra cada día para ver si ya sale la planta...al final acaba matándola.

Por eso, te sugiero que infundas paciencia a tu estrategia de Marketing y actúes desde la certeza de que tienes un buen producto y que con la estrategia adecuada serás capaz de llevar tu mensaje a más personas y conseguir mejores resultados cada día.

¿Y cómo se da con esa estrategia adecuada? Entendiendo cada parte del proceso, sabiendo cuánto puedes invertir en cada paso y haciendo múltiples pruebas hasta dar con la que a ti te funciona mejor.

Facebook no es precisamente un lugar donde tengas que presionar o hacer publicidad intrusiva... trata de adecuarte al entorno y pensar qué hacen sus personas en Facebook. Las personas entran para conectar con sus amigos, ver historias interesantes, etc. Es decir, actitud positiva a tope.

Tu mentalidad ha de ir en esa misma línea.

Si tu mentalidad es a Corto Plazo (vender directamente en el primer contacto), te aseguro que no vas a vender nada. Quiero que lo sepas desde el primer momento. Y si esto te decepciona o te ha ofendido, regala o devuelve este libro. No vas a encontrar nada interesante en los próximos capítulos.

¿Sabes qué acaba sucediendo con una mentalidad a CP? Que no obtendrás resultados y acabarás diciendo que la publicidad en Facebook no funciona, cuando en realidad lo que no funciona está en tu mente y es tu forma de ver la situación.

Mucho mejor es el enfoque de... establecer un contacto con tu cliente potencial, educarle y hacer que aprenda contigo sobre lo que haces. Cuídale como si ya fuera cliente tuyo y ten la total certeza de que acudirá a ti en el momento en que te necesite. En ese momento pensará... ah sí, ya recuerdo a esta persona, y sabe un montón de mi problema. Voy a ponerme en contacto con ella.

No es ciencia ficción, me ha pasado y le ha pasado a mis clientes. Llegarme un email a mi correo de un cliente diciendo "Iván, eres un crack, me encanta tu forma de ver los negocios". Responderle mi email agradecido y diciéndole que me gustaría explicarle mis servicios y responderme a ese email con un... "No, no, si ya he visto todos tus vídeos y artículos. Tengo claro que quiero trabajar contigo y ya sé en qué me puedes ayudar. Te llamo más tarde y te comento mi problema"

Eso no es nada especial. De hecho es algo que te sucederá a diario si vives con esa mentalidad.

Si deseas suscribirte a mi lista de correos para que te envíe contenido gratuito útil para tu negocio puedes hacerlo en www.ivandebenito.com

Todo es siempre un test

Los seres humanos tenemos una ilusoria idea de la perfección que nos hace sufrir. Todo es perfecto tal como es. A nadie se le ocurre decir que una flor es fea cuando está creciendo y es "perfecta" cuando ya ha crecido. Puesto que es perfecta siempre. A cada paso. Porque cada paso es necesario.

Llevado al terreno del marketing y los negocios, lo que sucede siempre es que queremos saltarnos pasos, coger atajos y por eso cuando alguien te asegura el anuncio perfecto con el resultado perfecto a la primera... te está mintiendo. Huye como del diablo.

Ni el marketing ni la vida funcionan así. Todo es siempre un proceso. Lo que a ti te funciona puede no funcionar a otro, y a la inversa...

Sucede que en el caso del Marketing hay ciertos sistemas y estructuras base que funcionan porque previamente se han testado con muchas personas. Y fruto de esas pruebas y de esa experiencia se puede asegurar más su validez.

Más allá de eso, hay variables que siempre estarán fuera de tu control. Nunca podrás controlar... qué sentirá el cliente cuando vea tu anuncio. Tampoco sabrás si en ese momento necesita comprar o no tu producto. Si cambiando esta o aquella cosa tu campaña publicitaria funcionará mejor. Si cambiando la imagen tendrás más clics,... francamente, el único modo de saberlo es podernos desplazar al futuro y ver todos los resultados posibles. Y no conozco a nadie que lo haya hecho.

Por eso es mejor que asumas desde el primer momento que esto es un proceso, que trabajas con hipótesis y que todo lo que hagas es un test. El Marketing es una ciencia y los científicos, cuando están buscando una vacuna para alguna enfermedad, se dedican a hacer experimentos (basados en hipótesis o ideas a probar) y con los resultados que obtienen del experimento aprenden y hacen un nuevo experimento con el que obtienen mejores resultados.

No me malinterpretes. No se trata de ir probando al tuntún o de tirar un dado y que el azar actúe por ti. Eso no produciría resultados consistentes puesto que todo es aleatorio. Sino más bien de, empaparte de las estrategias, ideas y ejemplos que verás en este libro y aplicarlas en tu situación particular sabiendo siempre que todo es un test. Que es un aprendizaje constante. Un proceso. Y que con cada anuncio disminuyes las variables sobre las que no tienes control y en consecuencia cada día harás mejores anuncios.

Producto + Marketing = Éxito

Un buen producto sin marketing... no da resultados...
Un buen marketing sin producto... no da resultados...
La unión de un buen marketing y un buen producto SÍ los da.

Conozco profesionales reconocidos que dan consejos como "persuade a tu cliente con tus palabras" o "véndele a su mente"... cuando lo que realmente quieren decir es "véndele cualquier cosa", embólsate su dinero y sal a correr como alma que lleva el diablo.

Quiero pensar que o bien tienen una fe desmesurada en las herramientas y estrategias a corto plazo... o bien piensan que las personas son manipulables e idiotas. Y en ninguna de las 2 aciertan.

Conozco ejemplos de empresarios que invierten mensualmente 5.000-10.000€ en publicidad. Que cada vez que un cliente potencial entra "en sus redes" lo atosigan hasta que compre...o se vaya... Y sí, generan dinero. MUCHO dinero.

Por mi parte no creo en ese sistema. Puede dar la impresión de funcionar (y funciona) pero cuando hablamos de personas, a largo plazo eso no puede dar nunca resultados. Creo que esos comportamientos de manipulación, no tienen continuidad en el tiempo... y no te los recomendaré nunca porque creo que lo primero son siempre, siempre, siempre las personas. Y luego las herramientas.

Esa clase de empresarios no se dan cuenta que, aunque ahora no la puedan ver, existe una realidad no visible que está sucediendo (clientes cabreados) que en un momento dado les estallará en la cara ... y tarde o temprano cerrarán su negocio.

Invertir en publicidad en Facebook te dará velocidad y tracción, pero lo que te dará felicidad, continuidad en tu proyecto y más ventas... son tu producto y tus clientes.

Por eso, creo que tu mejor marketing es un producto increíble y que tu escuadrón de comerciales son tus clientes.

Si a eso le sumamos la potencia de Facebook y todo lo que vas a aprender en este libro... serás IM-PA-RA-BLE.

Céntrate sólo en tu cliente ideal

La idea de "agradar a todos" nos resulta muy apetitosa. Se nos ha enseñado desde pequeños que hay que gustar a todo el mundo pero la realidad es que SIEMPRE habrá personas a las que le guste lo que tenemos que decir y lo que pensamos, y otros que crean que no vale para nada lo que hacemos.

Y ambos son la cara y la cruz de la misma moneda. Por lo tanto, la táctica más efectiva desde cualquier punto de vista desde donde lo mires es centrarse al 100% en tu cliente ideal. Sólo en él.

De hecho este concepto es tan importante que le dedico un módulo entero en mi curso SUPERMarketing. Y si hago tanto hincapié es porque he podido comprobar en mi propia piel que lo genérico es soso, no conecta y no vende... y que lo específico despierta mucha atención en tu cliente y sabe a ciencia cierta que puede ayudarle.

Tengo el caso de un cliente con el que trabajé en un proceso de mentoring. Se dedica al entrenamiento personal y hacía "un poco de todo". Tras algunas sesiones por Skype detectamos que, su punto fuerte era trabajar con mujeres. De hecho, él mismo tenía varios grupos de mujeres según su nivel, pero eso no se veía reflejado en su página web.

¿Y qué hicimos? Maximizar sus resultados. Nos cargamos sus servicios enfocados a chicos, dividimos el servicio a mujeres en 3 grandes bloques e identificamos con mucha precisión esos 3 perfiles de mujeres con situaciones tan diferentes. ¿El resultado? Más clientes, más facturación y con menos esfuerzo.

En el caso de tu negocio te recomiendo exactamente lo mismo. Dinamita todo lo que no te sirva y potencia lo que sí. ¿En quién crees que se centran los malabaristas callejeros, en aquellos que hacen caso a su espectáculo o en aquellos que no? ¡¡Obviamente en los que les hacen caso!! Pues lo mismo te recomiendo que hagas con tus clientes.

Tus clientes odian los mensajes genéricos y sosos...pero están dispuestos a abrir la cartera a toda persona que les quiera ayudar de forma sincera. Conviértete en su SUPER héroe.

Centrarte en tu cliente ideal te reporta visibilidad más enfocada y te ayudará optimizar tu presupuesto de marketing dirigiéndote a un grupo más concreto de personas.

El valor habla por sí solo

Hay básicamente 3 formas de vender a tus clientes:

1) Decir... "mira lo bueno que soy, mira lo bueno que es este producto, cómprame". Esta visión parte de un EGO muy hinchado, de creerse un superhéroe y usa lo que yo

llamo la técnica de la perdiz... que deposita toda su fe en que a base de marearla la cazará.

2) Que otra persona que ha trabajado contigo diga... "Sí, él es muy bueno y su producto también". Desde luego es una mejor opción, aquí son otras personas las que hablan de ti y puede ayudar a tu cliente potencial a que se identifique con el problema que tenía tu cliente en su momento y sepa que puedes ayudarle.

3) Decir... "mira, quiero ayudarte y voy a enseñarte ahora mismo como puedes hacer X". Ayúdale.... ¡AYUDANDO!

¿Adivinas cuál de los 3 profesionales vende más?
¡Sin duda el 3º! En lugar de desperdiciar miserablemente el tiempo en demostrar, se dedica a ayudar desde la confianza plena de que su producto ayuda a las personas. No hay un ápice de duda. Lo tiene tan claro que no le importa ayudar desde el principio a su cliente.

Y por eso vende tanto, porque invierte su tiempo y energía en el lugar adecuado (su cliente) y deja que el valor hable por sí solo.

El Marketing es un proceso continuo

No, el marketing no es algo puntual que se hace, da resultados y se deja de hacer. El marketing ha de formar parte desde hoy mismo del corazón de tu negocio. Porque, en contra de lo que muchos empresarios piensan, el marketing no es un proceso puntual si no un proceso repetitivo diario que ha de formar parte del corazón de cualquier empresa.

Los profesionales que no hacen Marketing como un proceso se lamentan luego de la falta de clientes... y es normal que eso suceda. ¡Ellos mismos han cerrado el grifo!

Otros profesionales afirman que "no tienen tiempo" (y sorprendentemente sí lo tienen para hacer tareas improductivas como responder emails o gestionar papeles) o que eso "es muy complicado" (sin embargo hacen otras cosas más complicadas y no se quejan).

La realidad es que desde pequeños se nos ha educado para no destacar. Nos daba hasta vergüenza salir a la pizarra o exponer un trabajo frente a los compañeros en la universidad. Todas esas caras mirándonos y juzgándonos, manos sudorosas, el corazón a mil...

Lo mismo sucede con tu presencia en Internet. Reconoce que en el fondo te da vergüenza publicitarte por miedo a que nadie te compre, por miedo a lo que pensarán tus allegados o compañeros de profesión, por miedo a que piensen que eres un "vendemotos",... y por muchos otros miedos no reales.

Y lo sé porque a mí me sucedió lo mismo en su momento. Hasta que, llegado un punto me di cuenta que todos esos miedos eran irreales, me limitaban y sólo eran verdad en mi cabeza.

Me di cuenta de que, hiciera lo que hiciera no iba a caer bien a todo el mundo y que o lo hacía yo o no iba a hacerlo nadie por mí. Desde ese punto de inflexión tengo más clientes, me va mejor y hasta me he atrevido a escribir este libro para compartir con el mundo mi mensaje. ¡Cómo cambia la vida! ¿verdad?

Sé que a algunos le gustará más lo que hago y a otros les gustará menos. Que habrá personas que conectarán más conmigo y otras menos. Y que todos tienen su parte de razón. Pero lo que desde luego no puedo hacer es limitarme y dejar de transmitir al mundo lo que sé porque haya otras personas a las que no les vaya a agradar. Sería injusto para aquellos que sí quieren aprender y egoísta por mi parte.

Por eso estoy feliz de haber escrito este libro y sé que está escrito con la mejor de todas las intenciones para ayudar a MUCHAS personas. Cuantas más, mejor.

Y eso es al final lo que de verdad importa.

Adelante, valiente

Te dije anteriormente que todo es un test pero si estás obteniendo resultados con una campaña publicitaria... ¿por qué no aumentar el presupuesto para obtener MUCHOS MEJORES RESULTADOS?

Me encuentro a veces también profesionales que, por miedo a que aumentando su presupuesto los resultados no fluyan, no pisan el acelerador a fondo cuando tienen una estrategia que funciona. Tan malo es el miedo a una cosa como a la otra.

Confío en ti, y sé que tu sentido común y tu intuición siempre te darán la clave para tomar buenas decisiones. Haz tú lo mismo contigo mismo.

Adelante, valiente. Si tienes una estrategia que invirtiendo 20 pone 30-40 en tu bolsillo... pisa a fondo.

4. DEFINIENDO TU OBJETIVO

Ahora que ya conoces más acerca de la mentalidad adecuada para obtener resultados y por qué usar Facebook Ads, ha llegado el momento de ponernos manos a la obra.

En este capítulo vas a definir de modo muy claro qué objetivo esperas cumplir con Facebook Ads y cómo se alinea este objetivo empresarial con los objetivos que tienes a tu disposición en Facebook.

Definir de forma tan concreta un objetivo es un elemento imprescindible para obtener resultados a menos que te sobre el tiempo, el dinero y quieras jugar al prueba y error al igual que otras personas juegan a la ruleta rusa. Como imagino que no es el caso y que deseas aprender a hacer inversiones rentables (por eso has comprado este libro), te sigo explicando.

Puede sonar extraño que te pregunte por tu objetivo. En la mayoría de los casos la respuesta estándar es "VENDER, Iván. Cuál va a ser mi objetivo si no". Pero a medida que avance el capítulo te vas a dar cuenta que esa es una respuesta vaga, sujeta a matices e interpretaciones.

En este punto es importante que vuelva a recordarte lo que te mencioné en el primer capítulo: "Facebook es una discoteca". Las personas en Facebook van a pasárselo bien, a contar qué hicieron el fin de semana, cuando dan nuevos capítulos de su próxima serie favorita (una de las mías es Juego de Tronos)... en definitiva, a SOCIALIZAR. Si en este punto, sin que las personas te conozcan previamente intentas vender algo, va a ser quemar el dinero dedicado a marketing.

Un enfoque mucho más inteligente y sensato (salvo que seas una marca súper conocida como Hawkers, Apple, Adidas o Crossfit) es hacer que tu cliente potencial sea el que se interese por ti, dé un paso al frente y diga... "Esto me interesa, cuéntame más". Es decir, la estrategia inteligente es darle algo de interés, para que él mismo sea el que vaya investigando, tirando del hilo y cuando ya te conozca mejor... compre.

Es decir, por un lado tenemos un objetivo final (vender) y por otro tenemos diversos objetivos intermedios.

Una vez que conozcas mejor los objetivos que vamos a ver en este capítulo tu respuesta a esa pregunta será mucho más precisa. Por ejemplo, los profesionales o empresas que contratan mis servicios suelen querer aumentar las visitas a su web (para que el cliente investigue por sí mismo), promocionar un vídeo educativo para sus clientes (para mostrar a su cliente lo experto que es en un tema), promocionar un evento gratuito en su ciudad (para hacer que acuda la mayor cantidad posible de personas y aprovechar para venderles en el estrado), regalar un contenido gratuito para que sus clientes se lo descarguen (y así ayudarles en un problema que tienen y posicionarse como el "solucionador" de ese problema), etc.

Estos son sólo algunos de los ejemplos para que cojas alguna idea y comprendas cuál es esa "mentalidad Facebook" de la que te hablaba. ¿Alguno de ellos crees que te encaja en lo que tú quieres? Detente en este punto. Piénsalo y sigue avanzando.

Una vez que tengas claro cuál es el objetivo que persigues al hacer publicidad, lo siguiente que vamos a hacer es buscar su equivalencia en los objetivos que pone a nuestra disposición Facebook.

Actualmente estos son los objetivos que tiene disponibles en Facebook Ads.

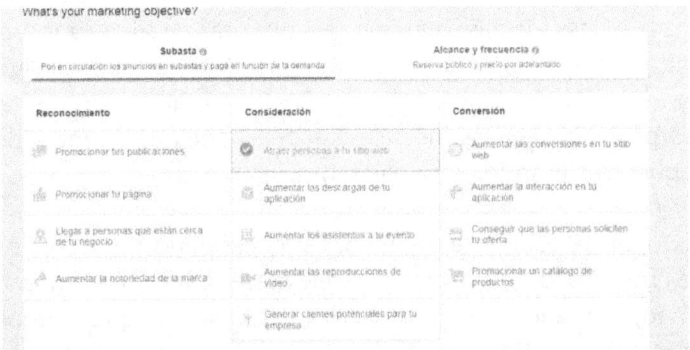

1. Promocionar tus publicaciones

Este objetivo hace exactamente lo mismo que el botón "promocionar publicación" que aparece directamente en cualquier publicación de tu página.

Promocionar publicación

Si lo que pretendes es dar más visibilidad a una de tus publicaciones (ampliar el alcance) y conseguir comentarios y "me gusta"... este es tu objetivo.

Ojito que este botón es muy "goloso" y por eso Facebook te lo pone tan fácil. Para que pulses e inviertas. Antes de pulsarlo piensa.. ¿lo que quiero son comentarios y me gusta? Si la respuesta es SÍ, dale sin miedo.

2. Promocionar tu página

Por norma general te voy a "prohibir" usar este objetivo. Es una de las formas más fáciles de tirar el dinero porque únicamente se basa en conseguir fans. ¿Y sabes qué consigues con esto? Nada. Como mucho "prueba social" para mostrar a tus posibles clientes interesados que tienes una cantidad de seguidores grande. Pero nada más.

En lugar de usar este objetivo, te recomiendo que crees algo de contenido interesante y relevante para tu cliente. Un vídeo, un audio o un post en tu blog. Y que luego lo promociones. De este modo lograrás un doble objetivo: por un lado, ayudarás a tu cliente y tendrá un primer contacto contigo... y por otro, si ese contenido es interesante para él lo más probable es que se acabe haciendo "fan" de tu página.

3. Llegar a las personas que están cerca de tu negocio

Imagínate que vas paseando por una calle céntrica de Barcelona. Te has levantado con prisa y vas en metro camino de una reunión deseando llegar a la estación final para buscar una cafetería. Navegando por Facebook, de pronto te aparece una promoción: 20% de descuento en tu desayuno + café en la "cafetería Con Clase"

Ese es un ejemplo claro de cómo usar este tipo de objetivo. Se muestra publicidad a personas que están cercanos al lugar dónde está tu negocio.

4. Aumentar la notoriedad de la marca

Es una campaña de "me gusta" enfocada a personas que son más afines a tu marca.

5. Atraer personas a tu sitio web

El objetivo de este anuncio es incentivar que el usuario haga clic en tu anuncio y recibas una visita a tu página web. Aquí te recomiendo que lo lleves a una página muy específica, no cometas el error de mandarlo a la página de inicio de tu web y tratar de que él adivine lo que tú quieres que haga.

Dáselo mascado, no dejes cabos sueltos. Llévalo a un artículo de tu blog o a una página muy específica que te interese que lea.

6. Aumentar las descargas de tu aplicación

Si tu empresa tiene una aplicación móvil que deseas promocionar... este objetivo está enfocado en aumentar las personas que se instalan tu aplicación en su móvil.

7. Aumentar los asistentes a tu evento

Si has creado un evento en Facebook y deseas promocionarlo para que tu cliente ideal asista... este es tu objetivo.

Además de hacer publicidad de este evento, te aconsejo que te asegures de ir haciendo seguimiento de los asistentes (recordarles la fecha, subir material previo,...) para que recuerden tu evento. Ya sabes que hoy día es muy fácil pulsar en "asistiré" y escaquearse. Por eso, estoy seguro que les darás motivos firmes para asistir y que eso no suceda en tu evento.

8. Aumentar las reproducciones de vídeo

El vídeo es de los contenidos que sin duda MEJOR funciona en Facebook, además de ser uno de los que mayor crecimiento está teniendo en los últimos meses. Por ello te recomiendo que emplees este objetivo cuando quieras incentivar que las personas vean un vídeo promocional tuyo, o un vídeo en que les explicas y ayudas sobre un tema concreto.

En mi experiencia el vídeo es de lo que mejor funciona para establecer una relación 1 a 1 con tus clientes potenciales sin que tus clientes te hayan conocido previamente. De este modo conseguirás aumentar las reproducciones del vídeo que elijas.

9. Generar clientes potenciales para tu empresa

El objetivo de cualquier negocio es generar una base de datos de clientes potenciales para, una vez generada una relación basada en la confianza, lograr que algunos de esos clientes potenciales contraten tus productos o servicios.

Este objetivo puede dar lugar a confusión con el próximo punto (aumentar las conversiones en tu sitio web).

En este objetivo las diferencias con respecto al próximo son varias:

- En este anuncio el usuario no sale de Facebook ni va a tu web. Sino que Facebook mismo es el que recopila el nombre, email, y los datos que necesites para luego facilitártelos...

- Este anuncio sólo aparecerá en móviles. La idea es agilizar el proceso para las personas que visitan

Facebook desde su dispositivo móvil, con lo cual, con este objetivo conseguimos que dejen sus datos de contacto de forma más fácil.

Aquí puedes ver una captura de pantalla de ejemplo

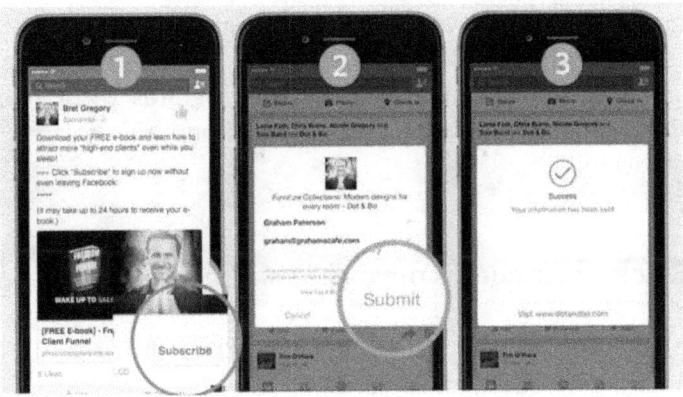

Al usuario le aparece un anuncio en el móvil. Pulsa en 'Suscribirse', le aparece una siguiente pantalla en que de forma automática se rellena su nombre y su email (los coge de Facebook) y al pulsar en 'Enviar' queda registrada esa información de forma automática.

10. Aumentar las conversiones en el sitio web

Este objetivo es similar al anterior aunque enfocado en un resultado muy concreto (a ese resultado concreto se le llama conversión). Por ejemplo: si quieres que el usuario entre a tu página y te facilite su email y su nombre... eso es una conversión; si quieres que un usuario lea un contenido y te mande un mensaje a través de un formulario de correo... eso es una conversión. Y una compra también es una conversión.

En este caso, a diferencia del anterior, Facebook muestra tus anuncios a las personas que son más propensas a completar ese objetivo que deseas.

11. Aumentar la interacción de tu aplicación

El problema de algunas aplicaciones móviles es que tras algún tiempo caen en el desuso... si lo que quieres es "recordar" a tus usuarios que entren en la aplicación o hablarles acerca de alguna novedad, con este anuncio lo lograrás ya que se le mostrará a las personas que previamente instalaron su aplicación.

12. Conseguir que las personas soliciten tu oferta

En este tipo de objetivo crearás una oferta en Facebook y él se encargará de promocionarla.

13. Promocionar un catálogo de productos

Si lo que tienes es una tienda, este objetivo te permitirá promocionar algunos de los productos de tu tienda.

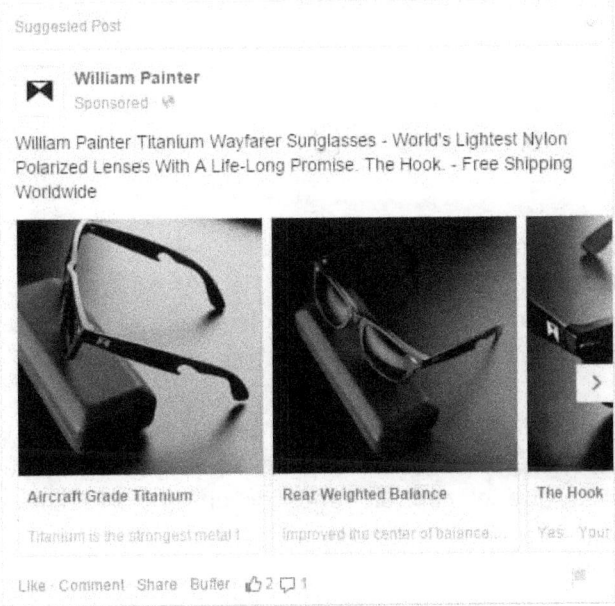

Estoy seguro que con todos estos ejemplos y las explicaciones que te he dado ya has podido ver cuál es ese objetivo empresarial que se alinea con tu objetivo particular en Facebook.

De hecho, tómate unos minutos para recapacitar en lo que hemos visto hasta ahora.

Toma bolígrafo, papel y pregúntate:

¿Qué me gustaría conseguir?
¿Cómo puedo lograrlo con Facebook Ads?

Recuerda, la claridad siempre precede a los resultados.

5. ELIGE BIEN A TU CLIENTE IDEAL

Muchos profesionales se lanzan al mundo publicitario de Facebook Ads "a lo valiente". Tienen tanta prisa en anunciarse, y en ocasiones Facebook lo pone tan fácil, que no se paran a pensar a QUIÉN van a mostrar su anuncio.

En mi experiencia es clave tener presente todo el rato a la persona a la que vas a mostrar el anuncio... es igual de importante que el capítulo anterior en que definimos el objetivo que queríamos conseguir.

Elegir bien al cliente ideal forma parte de la triada del éxito de cualquier anuncio en Facebook:

1. Un mensaje claro. No hay nada más confuso para tu cliente que no saber muy bien qué haces y en qué puedes ayudarle.

2. Mostrado a las personas concretas que quieren tu producto o servicio. Esto es lo que definirás en este apartado.

3. Con un anuncio que destaque. Si tu anuncio es neutro, soso y no llega a las emociones y deseos más profundos de tu cliente... va a ser muy difícil mover algo dentro suyo para que se decida a tomar una decisión.

El error consiste en creer que con un anuncio increíble (el punto 3) ya lo tienen todo resuelto, sin caer en la cuenta de la importancia que tienen el 1 y el 2. De hecho, el punto 1 y 2 tienen mucho en común puesto que dependen de conocer a tu cliente ideal con la precisión de un rayo láser. ¿Cómo si no, vas a comunicarte bien para que te comprendan con un mensaje claro? Es más, ¿cómo vas a crear un anuncio que le llame la atención si no tienes claro quién es y qué le interesa?

Publicitarte en Facebook sin haber hecho un proceso de analizar a tu cliente ideal es tirar el dinero. Literalmente. Por eso en este apartado haremos especial hincapié en definir a tu cliente ideal.

¿Y cómo podemos dar con nuestro cliente ideal? En la página siguiente te he preparado un ejercicio para que rellenes y lo definas con mucha precisión. Es simple pero llegado a este punto no necesitas mucho más.

Una clave para las ventas: para vender a tu cliente has de SER tu cliente. Convertirte en él y conocerlo tan bien como se conoce a él mismo. Si el cliente puede percibir que tú eres capaz de ayudarle y que conoces más acerca de su problema que él mismo... ya tienes un gran paso hecho.

Una vez hayas hecho este ejercicio guárdalo a mano porque lo necesitarás para los próximos capítulos.

Mi cliente ideal es...

Coge papel y bolígrafo para responder a las siguientes preguntas. Si tras reflexionar en alguna pregunta concluyes que es "indiferente", déjala en blanco. Eso sí, si tienes muchos apartados "indiferente" es una señal de alarma de que tu mensaje corre el peligro de sonar muy genérico.

1. Hombre o Mujer?

2. Qué edad tiene?

3. Está casado o es soltero?

4. Dónde vive? (País, población,...)

5. Qué idioma habla?

6. Cuál es su nivel de estudios?

7. Qué paginas le gustan en Facebook?

8. ¿A qué le teme? Qué problema tiene actualmente?

9. ¿Qué desea? Cómo pueden ayudarle tus productos o servicios?

Sé que en ejercicios como este suelen surgir muchas resistencias.

Suelen venir disfrazadas de frases como... "es que mis clientes son muy diferentes entre sí", "para qué me sirve esto si yo lo que quiero es vender", "me cuesta mucho hacer este ejercicio, mejor salto al siguiente", etc.

Si encuentras resistencias en este punto mi recomendación es que pienses en cosas como:

¿De todos los clientes que tengo, en qué características coinciden?

¿Con quién disfruto más trabajando?

¿A quién creo que puedo ayudar más y mejor?

Sucede en ocasiones que el tipo de cliente con el que trabajamos actualmente no es el que especialmente nos gusta. En ese caso, es un buen momento para hacerse esta pregunta:

¿Con quién SÍ me gustaría trabajar?

Tómate tu tiempo para hacer este ejercicio. Escribe lo que vaya viniéndote a la mente intuitivamente y ve trabajando en esa hoja durante unos cuantos días.

Te sorprenderás la claridad que te puede dar este punto (y los resultados increíbles que lograrás)

6. LA ESTRUCTURA DE LA PUBLICIDAD EN FACEBOOK

Ahora que ya tienes perfectamente identificado a tu cliente ideal creo que ha llegado el momento de acceder por primera vez a Facebook Ads. Porque, me imagino que ya tienes ganas ¿verdad?

Yo sí. Muchas.

Puedes hacerlo aquí:
https://www.facebook.com/ads/manager/accounts/

Antes de entrar de lleno a configurar tu primer anuncio es necesario que entiendas algunos conceptos sobre cómo estructura Facebook su publicidad.

Facebook Ads tiene una estructura en forma de árbol organizada de más general a más específico. De este modo, el elemento superior (el padre) representa una serie de características que afectan a los elementos inferiores (los hijos).

En este caso la estructura publicitaria de Facebook se compone por 3 elementos:

- Campañas
- Grupos de anuncios
- Anuncios

Su representación visual es esta.

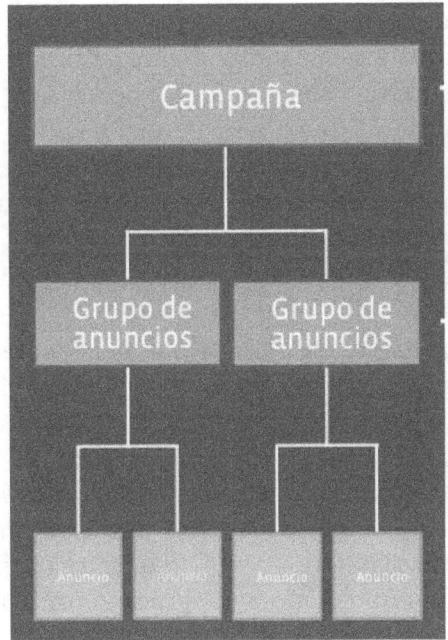

Ahora que ya tienes clara la estructura te voy a explicar para qué sirve cada una.

Campaña. La campaña sirve para definir el objetivo general que tienes con tu anuncio (clics, conversiones, me gustas,...).

Grupo de anuncios. Aquí especificarás cuál es el presupuesto que quieres invertir, a qué usuarios le muestras tu anuncio y cuál es el mecanismo de puja (CPC o CPM).

Anuncios. Es lo que el usuario ve, el anuncio directamente.

Estoy seguro que estás deseando un ejemplo... pues te voy a dar uno inspirado en uno de mis clientes.

Imagínate que eres coach y quieres promocionar tus sesiones para ejecutivos y empresarios. Has identificado que entre tus clientes (la mayoría son hombres) encuentras 3 perfiles bien diferenciados:

- emprendedores de 25 a 38 con una empresa recientemente establecida
- altos directivos de 35 a 70 con alta responsabilidad y estrés
- empresarios de 35 a 75 que quieren hacer crecer su negocio y combinarlo con una vida personal equilibrada

Tu objetivo principal con esta publicidad es que las personas hagan clic en el anuncio y vean la página en que ofreces tu producto estrella. Pero en ese caso, coincidirás conmigo en que, aunque el producto sea el mismo, cada uno de estos perfiles son muy diferentes, con problemas muy diferentes y anhelos muy diferentes...

En ese caso, la campaña publicitaria para promocionar este producto sería similar a la siguiente:

1. **(Campaña)** Producto Empresario.
    1.1. **(Grupo Anuncio)** Emprendedores 25-38
        1.1.1. **(Anuncio)** Fotografía y texto de emprendedor 25-38 iniciando un negocio
    1.2. **(Grupo Anuncio)** Altos directivos 35-70
        1.2.1. **(Anuncio)** Fotografía y texto de alto directivo 35-70 con equipo a su cargo
    1.3. **(Grupo Anuncio)** Empresarios 35-75

1.3.1. (Anuncio) Fotografía y texto de empresario 35-75 en un jet privado a punto de tomar un vuelo

Como ves es sólo uno de los múltiples ejemplos que podía haberte puesto, pero estoy seguro que te ha ayudado a aclarar las dudas en cuanto a la estructura de las campañas en Facebook.

Verás que esta estructura es muy simple, y lo he hecho adrede. Cuando lo domines más podrás crear hasta 2 o 3 anuncios por cada grupo y ponerlos a "competir" entre sí para ver cuál de ellos funciona mejor (el propio Facebook, al haberle definido tú el objetivo, sabe cuál está funcionando mejor)

Como te dije en el capítulo n°2... todo es SIEMPRE un test así que se trata de ir planteando hipótesis, haciendo pruebas con diferentes textos, imágenes, etc. y dejar que el propio Facebook (y sus datos) sean los que nos arrojen información.

¿Y cómo se ve y se crea esta estructura en Facebook? Más adelante entraremos en profundidad a crear un anuncio desde cero, pero de momento quiero que veas cómo se muestra la estructura de lo que hemos explicado en este capítulo.

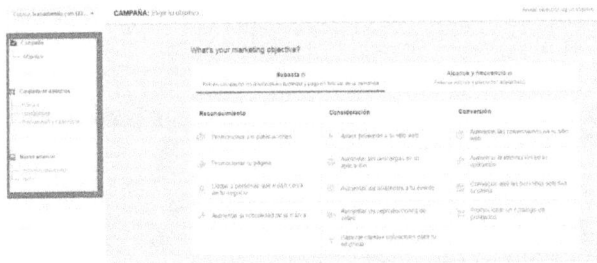

Fíjate en la parte izquierda. Esa es la estructura jerárquica de la que te hablaba (campañas, conjuntos de anuncios, anuncios).

Y por otro lado... ¿has visto la parte derecha? Nos permite elegir entre los diferentes objetivos que queremos para nuestra campaña publicitaria.

De hecho, la parte derecha ya la viste en el capítulo en que hablamos de los diferentes objetivos que te da Facebook.

Ya estamos más cerca de configurar tu primer anuncio.

7. DEFINE TU CLIENTE EN FACEBOOK

En este capítulo te va a venir muy pero que muy bien tener a mano el ejercicio que hicimos de definir tu cliente ideal. Ha llegado el momento de enlazar ese retrato robot de tu cliente ideal que hiciste con Facebook.

Como vimos, es súper importante definir a tu cliente ideal con gran precisión e intentar no "disparar a todo lo que se mueve". Cuanto más genérico sea tu cliente ideal más genérico sonará tu mensaje y menos identificado se sentirá tu cliente. Los profesionales o empresas de éxito no intentan contentar a todo el mundo, si no a un grupo seleccionado de clientes... y descartan al resto.

Si vas "a todo" estarás además desperdiciando presupuesto muy valioso puesto que, al mostrar tu anuncio a personas a las que no puedes ayudar, vas a estar gastando parte de ese presupuesto que seguro no va a darte resultados.

Dicho esto, lo que nosotros hemos definido como cliente, en Facebook se conoce como público. Y un público es un conjunto de personas con características en común.

Así por ejemplo podemos tener un público de mujeres de 25 a 30, otro de hombres de 50 a 60, otro de fans de Frank de la Jungla y un último público de empresarios que viajan mucho. Como ves, un público es un popurrí de características mixtas y podemos definirlo con suma precisión en Facebook.

Haciendo clic en la zona superior izquierda puedes encontrar esta sección como última opción.

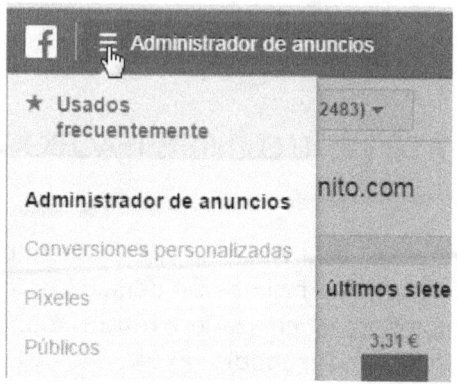

Voy a ir mostrándote las diferentes opciones que tienes disponibles a la hora de crear un público pero antes de nada quiero hacerte una pregunta... ¿a quién crees que hay más posibilidades de vender un producto o servicio... a alguien que ya te conoce o a alguien que todavía no?

¡Obviamente al que ya te conoce! Precisamente por ello... porque ya tiene más confianza en ti, ha visto algunos vídeos sobre ti o leído algo en tu blog, etc. Por eso hago siempre hincapié en las formaciones y sesiones de mentoring en que hay que entrenarse para pensar en todas aquellas personas a las que ya conocemos (clientes potenciales o clientes) y crear anuncios en primer lugar para ellos.

Públicos que ya te conocen

Básicamente en este grupo tienes a los fans de tu página, personas que han visitado tu web hace poco o la posibilidad de mostrárselo a tu lista de correos de clientes potenciales (en caso de no tenerla, te recomiendo que tu prioridad nº1 de ahora en adelante sea construir tu propia lista)

Por pura lógica estos son los clientes potenciales que más oportunidades tienes de que adquieran alguno de tus productos o servicios.

Fans de tu página

Tiene todo el sentido del mundo que quieras mostrar un anuncio SOLO a los fans de tu página. Tus fans son personas que en un momento u otro empezaron a seguirte porque encontraban interesante lo que haces, o incluso si ya generas contenido que les ayuda habrás logrado posicionarte como un referente para él .

Para crearlo, desde la página de "Públicos" pulsa en "Público guardado"

Lo siguiente que has de hacer es darle un nombre al público nuevo que quieres crear. En este caso le puedes llamar "fans Facebook" o el nombre que se te ocurra.

Nombre del público   Asigna un nombre a tu público

Una vez le hayas dado un nombre, baja más abajo a la sección "Conexiones" elige "Personas a las que les gusta tu página"

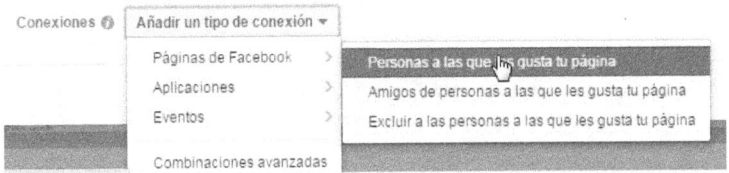

Por último, elige tu página de Facebook y pulsa en "Guardar".

Interacción reciente o lista de emails

¿Te imaginas poder mostrarle un anuncio a las personas que han visitado tu página web con anterioridad o han leído algún artículo? ¿Y mostrarle tu anuncio a las personas que tienes en tu lista de emails? Pues eso precisamente es lo que podemos hacer con la sección "Público personalizado"

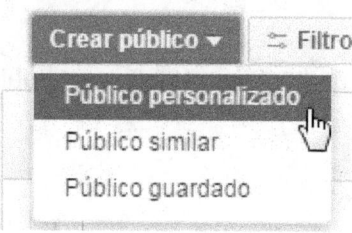

En este caso, al hacer clic se nos despliegan las diferentes opciones disponibles

Archivo de clientes. Sube un listado de emails y Facebook tratará de encontrarlos con los emails que se registraron en su red social. Obviamente no encontrará al 100% de los emails subidos puesto que no todas las personas tienen el mismo email en Facebook que el que te facilitaron a ti (puede que el email que tú tengas sea más "profesional" que el que usan en Facebook). No obstante, te recomiendo que la uses por su gran potencia.

Tráfico del sitio web. Te permite mostrar tu anuncio a personas que han hecho una determinada acción en tu página. Ejemplo: ¿te imaginas mostrar un anuncio con el 20% de descuento a los clientes que quisieron comprar tus gafas de sol y no finalizaron la compra? Pues eso es parte del éxito de Hawkers haciendo publicidad en Facebook. Unos cracks.

Actividades en la aplicación. Si eres programador y tienes una aplicación creada en Facebook te permite crear un público en base a las acciones que hacen en Facebook tus usuarios.

Interacción en Facebook. Facebook Ads te permite crear un público de clientes potenciales que han visto los vídeos que subiste a Facebook o rellenado algún formulario de Lead que creaste en Facebook (si no recuerdas este formulario, echa un vistazo al capítulo de tipos de objetivo)

Públicos que no te conocen (todavía)

Aquí están las personas que todavía no te conocen pero que te interesan para darte a conocer. En este caso puedes, o bien definir desde cero a tu cliente ideal o bien mostrar tu anuncio a personas similares a otro público ya creado previamente (similares a tus fans, **similares a tus clientes,**...)

Públicos similares

Quiero que muestres mi anuncio a personas que sean similares a mis compradores de la formación SUPERMarketing (una formación online que tengo para ayudarte a tener más visibilidad y ventas)... ¡CONCEDIDO!

Ya te dije que Facebook era súper potente. Te lo prometí, ¿verdad? Pues aquí tienes una de las muchas perlas que estás viendo. Te permite, en función de su conocimiento interno y como por arte de magia, conseguirte clientes similares a tus clientes actuales.

Al hacer clic aparece un formulario en que te pide rellenar la siguiente información

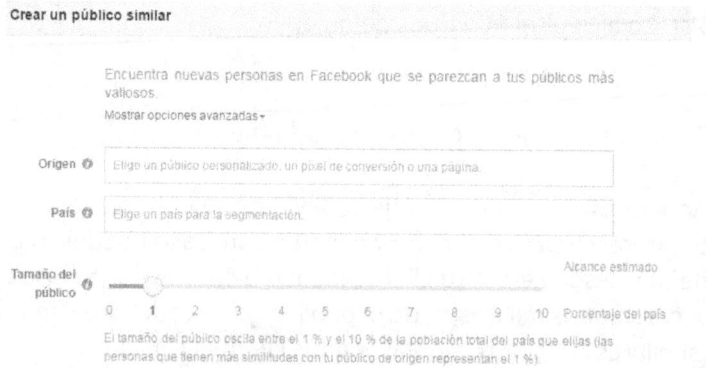

En **"origen"** escoge el público que deseas tomar como base. En **País** el lugar a donde quieres ir a buscar a este nuevo cliente y en **"tamaño del público"** selecciona el "porcentaje del país" al que quieres mostrar tu anuncio. Aquí te recomiendo que apliques el mismo principio de "menos es más" que te expliqué a la hora de crear tus públicos o definir a tu cliente ideal.

¿Posibilidades de esto? Infinitas. Aquí van algunas ideas...

"Coge mi lista de compradores de España y créame una nueva lista en Colombia para poder expandir mi negocio". Concedido

"Coge la lista de compradores de España y créame una nueva lista de clientes potenciales de España similares a esos". Concedido.

¡La LE-CHE! ¿verdad?

Una vez pulses en "Guardar", Facebook como buen comercial saldrá a buscar por ti a esos clientes potenciales y en aproximadamente un par de horas podrás emplear esa nueva lista de públicos que acabas de crear.

Clientes potenciales

Estos últimos son aquellos que todavía no te conocen pero quieres llegar a ellos porque son el vivo retrato de tu cliente ideal. Este es típicamente el cliente que has definido en el capítulo4 aunque traducido a datos que tiene disponibles Facebook.

Para ello tienes que pulsar en "Público Guardado"

Una vez dentro verás diferentes bloques para definir con más precisión a tu cliente ideal.

- Aquí puedes definir **país (o población), sexo, idioma.**

- **Intereses:** puedes definir desde intereses generales como "natación", "empresarios", etc. hasta más concretos como "que sean fan de X página". Ten en cuenta que, salvo que le especifiques lo contrario, todo lo que incluyas aquí es incremental. Es decir, si eliges "natación" y "empresarios" seleccionará aquellos a los que le guste la natación Y también a los empresarios (no los empresarios nadadores)

- **Comportamientos:** compradores, que les guste viajar, que usen tablet,... todo eso y mucho más tiene cabida aquí.

- **Conexiones:** que sean fans de tu página de Facebook o no, amigos de fans de tu página, etc.

Una última recomendación. Con respecto a este grupo las combinaciones que puedes hacer son infinitas. Mi recomendación es que en cada grupo pruebes sólo uno de los grupos (un interés, o un dispositivo móvil,...) ya que si juntas muchas de ellas luego no sabrás por cuál de ellas te está funcionando bien la campaña (o mal).

Por ejemplo, si quieres llegar a amigos de tus fans, no lo mezcles con interés en natación. Mejor hacer un público de natación y otro público de fans. De este modo, al tenerlos separados, sabrás cuál es el criterio que hace que funcione.

8. TU PRIMER ANUNCIO EN MENOS DE 10 MINUTOS

Ahora ya conoces un poco mejor cómo funciona Facebook... ha llegado el momento de crear tu primer anuncio. ¿No estás deseando crearlo? Yo sí. Llevo 7 capítulos conteniéndome para llegar a este capítulo, pero todo requiere su tiempo. Ahora ya estás preparado.

En menos de 10 minutos vas a saber cómo puedes hacerlo.

Crea tu primera campaña

Entra en Facebook Ads
https://www.facebook.com/ads/manager
y pulsa en el botón "Crear Campaña".

Una vez dentro verás esta pantalla que ya viste anteriormente, ¿te acuerdas?

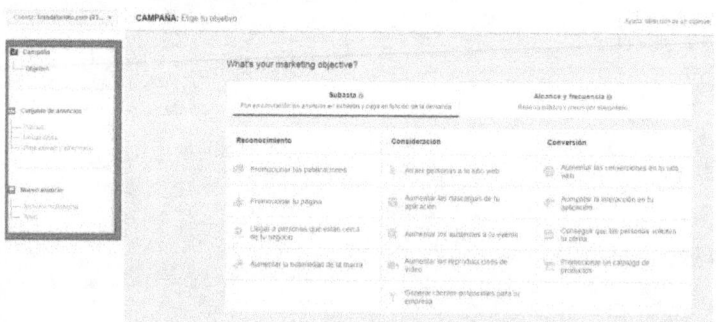

Fíjate que te marca en azul clarito el texto de la izquierda donde ahora te encuentras. Eso indica que ahora estás en Campaña-> Objetivo.

Elige ahora tu objetivo y dale un nombre a tu campaña.

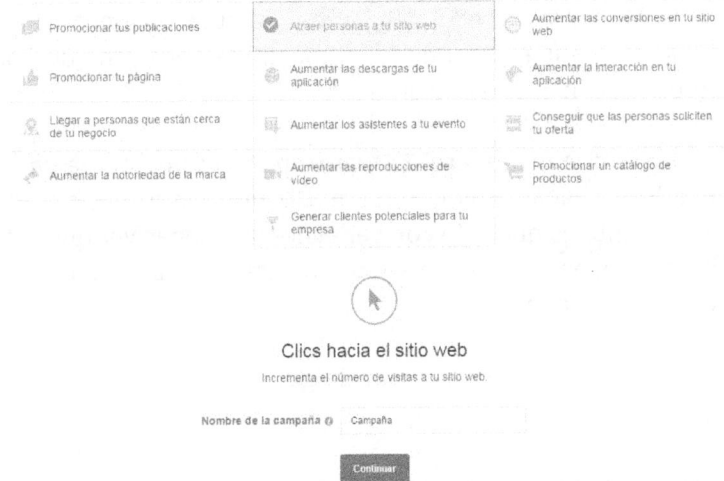

Clics hacia el sitio web

Incrementa el número de visitas a tu sitio web.

Nombre de la campaña ⓘ Campaña

Referente al nombre te recomiendo que elijas algo más descriptivo que "Campaña" para que, de un simple vistazo sepas identificar de qué campaña publicitaria estás hablando así como sus detalles (sin tener que profundizar).

En mi caso sigo la siguiente sintaxis para especificar el nombre (úsala si te sirve):

Proyecto | tipo de contenido | cliente_ideal | objetivo

Proyecto: nombre del proyecto
Tipo de contenido: ¿estoy usando una imagen (img) o un vídeo (vid) para hacer la publicidad?
Cliente_ideal: emails, algún interés,...
Objetivo: clicks, conversiones,...

Teniendo en cuenta esto, aquí van unos cuantos ejemplos:

LibroFacebook | img | emails | conv   (campaña para mi libro de Facebook, con una imagen, enviada a mi lista de emails con el objetivo de conversión)

SuperMarketing | vid | TR | clic   (campaña para mi curso SuperMarketing, con un vídeo, mostrada a los fans de Tony Robbins, con el objetivo de clics)

¿Ves a lo que me refiero? Obviamente no es un dogma de fe y puedes emplear cualquier nomenclatura que a ti te sirva. Lo importante es que sólo con ver el nombre sepas ver qué estás promocionando, a quién se lo muestras y cuál es el objetivo de esa campaña.

Pulsa en "Continuar" y vamos al siguiente paso.

Crea tu primer grupo de anuncios

Llegado a este punto ya tienes tu campaña creada y vamos a seguir creando tu grupo de anuncios. Es importante que completes todos los pasos porque, tal como estamos configurando este anuncio, hasta que no pulses en **'Realizar pedido'** en la configuración del anuncio, no tendrás toda la campaña con su grupo de anuncios y anuncios creada. Es decir, si no llegas al final y haces el pedido, lo pierdes todo.

En este punto vamos con el grupo de anuncios. Recuerda que así como en la "Campaña" definimos cuál es el objetivo general que perseguimos con nuestra publicidad (clics, me gustas,...); en el "Grupo de anuncios" buscamos definir bien a quién le mostramos nuestro anuncio, el presupuesto y algunos detalles más.

Si echas un vistazo rápido verás que hay 3 bloques bien diferenciados: público, ubicaciones, presupuesto& calendario. Y cada uno de ellos se enfoca en un tema muy concreto.

Público

¿Recuerdas cuando definimos con precisión a tu cliente ideal? Pues aquí ha llegado el momento de "transformarlo" a Facebook. Es decir, que con la información que tienes, se trata de adaptar y definir lo mejor posible esa situación en un usuario de Facebook.

En este proceso, verás que por defecto tienes seleccionado "PÚBLICO NUEVO". Esto sirve para definir paso a paso todos los requisitos de ese cliente ideal. Pero, igual que vimos con anterioridad, puede que tengas algún "público guardado" que hayas definido previamente. En ese caso, únicamente con pulsar en la flechita y seleccionarlo, quedará seleccionado el público que hayas escogido.

PÚBLICO NUEVO ▼

Vamos a hacer un repaso a las principales opciones por las que puedes filtrar:

- **Públicos guardados:** principalmente para elegir listas de emails, etc.
- **Lugares:** filtra por país, comunidad, localidad,... y selecciona personas que vivan o hayan estado recientemente en ese lugar
- **Edad**
- **Sexo**
- **Idiomas**
- **Segmentación detallada:** ¿recuerdas que hicimos una lista de intereses de páginas que les pueden gustar, etc.? pues en este punto es donde puedes especificarlo. Verás que algunas de las páginas que hayas escogido es posible que no aparezcan. En ese caso no te preocupes. En esta sección puedes filtrar si le gustan intereses más generales (emprendimiento, empresarios, natación,...) y como Facebook sabe de qué tipo es cada página... se lo mostrará a tu cliente ideal
- **Conexiones:** para filtrar si está conectado (o no) a tu página o para restringir y que sólo se lo muestre a los amigos de tus fans

Según vayas restringiendo a tu cliente ideal, verás que en la zona derecha va variando el número de personas a las que llega tu mensaje e irá incluyendo todos los filtros que hayas especificado en este punto.

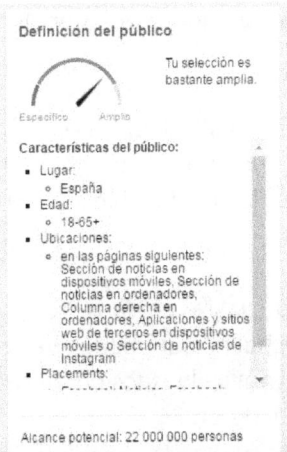

Definición del público

Tu selección es bastante amplia.

Específico — Amplio

Características del público:

- Lugar:
  - España
- Edad:
  - 18-65+
- Ubicaciones:
  - en las páginas siguientes: Sección de noticias en dispositivos móviles, Sección de noticias en ordenadores, Columna derecha en ordenadores, Aplicaciones y sitios web de terceros en dispositivos móviles o Sección de noticias de Instagram
- Placements:

Alcance potencial: 22 000 000 personas

Por último, al final de este bloque también tienes un checkbox que pone "Guardar este público". Esto te permite crear el público directamente desde aquí.

Ubicaciones

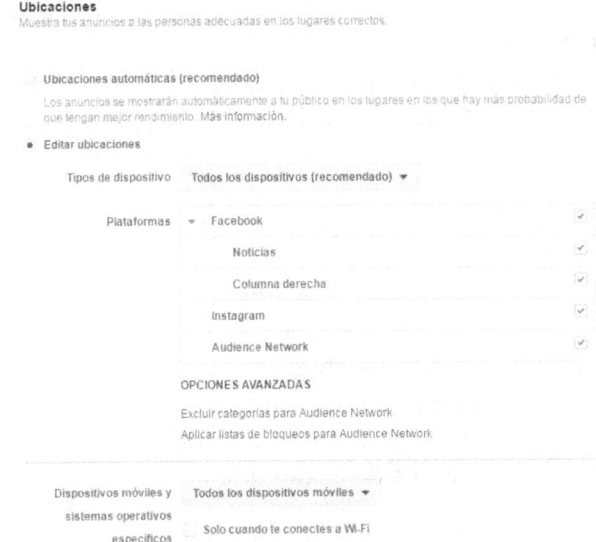

Ubicaciones
Muestra tus anuncios a las personas adecuadas en los lugares correctos.

Ubicaciones automáticas (recomendado)
Los anuncios se mostrarán automáticamente a tu público en los lugares en los que hay más probabilidad de que tengan mejor rendimiento. Más información.

- Editar ubicaciones

Tipos de dispositivo   Todos los dispositivos (recomendado) ▼

Plataformas   ▼ Facebook   ✓

Noticias   ✓

Columna derecha   ✓

Instagram   ✓

Audience Network   ✓

OPCIONES AVANZADAS

Excluir categorías para Audience Network
Aplicar listas de bloqueos para Audience Network

Dispositivos móviles y   Todos los dispositivos móviles ▼
sistemas operativos
específicos   Solo cuando te conectes a Wi-Fi

En este bloque seleccionaremos la posición y el lugar donde se mostrarán nuestros anuncios.

En el desplegable **"tipo de dispositivos"** elegiremos dónde queremos que se muestre (todos, móvil u ordenador). En la sección de plataformas tenemos la posibilidad de crear anuncios:

- **En Facebook.** Sección "noticias" (en la sección de enmedio) o "columna derecha". Aquí puedes ver cuál es la sección noticias en móvil, la sección derecha (sólo en PC) y la sección noticias en PC.

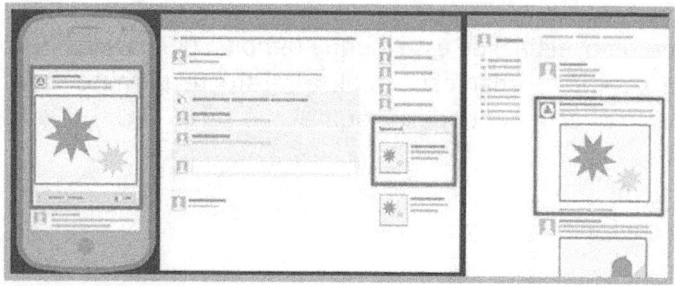

- **En Instagram.**
- **En Audience Network.** Aquí tus anuncios se mostrarán como publicidad en otras aplicaciones móviles.

Por último, si así lo deseamos podremos elegir mostrarlo en Android o en iPhone.

Te recomiendo en cualquier caso que elijas tú dónde quieres mostrarlo (no dejes que Facebook lo haga por ti) y que selecciones sólo aquellos dispositivos que tienen sentido para ti. Por ejemplo, si no tienes cuenta de Instagram, mejor que no selecciones los anuncios de Instagram.

Presupuesto y calendario

En este bloque elegiremos cómo queremos que se vaya invirtiendo nuestro presupuesto.

A la hora de elegir presupuesto tenemos 2 opciones:

1) Elegir un **presupuesto diario**, para que Facebook cada día invierta esa cantidad en tu anuncio

2) Elegir un **presupuesto para el conjunto de anuncios**, para consumir únicamente ese presupuesto

En mi experiencia prefiero elegir "presupuesto diario" porque da más control sobre el funcionamiento de ese grupo de anuncios. Si eligiéramos presupuesto para el conjunto de anuncios, Facebook elige a su propio criterio si desea consumirlo todo en 1 día, en 2 o en 10.

El otro bloque que podemos personalizar es el **"periodo de circulación"**. Aquí básicamente le estamos diciendo a Facebook: "pon estos anuncios de forma indefinida" (opción por defecto). La otra opción es: "Facebook, quiero que esta publicidad vaya de esta fecha y hora, a esta otra fecha y hora (por defecto elige el día en curso como fecha de inicio y 1 mes vista para la fecha de fin)

Según vayas aumentando o disminuyendo el presupuesto te darás cuenta que va aumentando o disminuyendo en la zona derecha el "alcance diario estimado".

Optimización y pujas

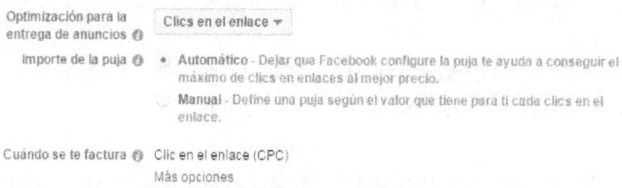

En este bloque podemos elegir en primer lugar la optimización para la entrega de los anuncios:

- **Clics en el sitio web.** Mostrará el anuncio a los más propensos a hacer clic.
- **Impresiones.** Mostrar tantas veces como sea posible el anuncio.
- **Alcance diario.** Mostrar el anuncio muchas veces pero máximo 1 vez al día a cada persona

Estas 2 últimas opciones pueden ser interesantes si tu intención es por ejemplo que muchas personas conozcan un evento que vas a organizar. Por ejemplo "The Hole", el espectáculo, emplea esta estrategia para publicitarse en Facebook.

En nuestro ejemplo, como el objetivo era recibir clics, seleccionaremos ese objetivo. Por otro lado podemos seleccionar el **importe de la puja**. Por defecto está seleccionada "automática" aunque podríamos especificar un importe fijo nosotros mismos.

En mi experiencia... siempre que se trata del objetivo de clics y conversiones es mejor dejarlo en automático y que el propio Facebook lo determine. Como sabrás, a Facebook le interesa que tú hagas dinero con ello, por lo tanto lo que hará será enviarte clics a tu web y cuando vea aquellos usuarios que más hacen clic se hará a la idea de aquellos a los que se lo debe mostrar (haciendo esto que baje tu coste por clic)

El último bloque especifica **cuando se te factura**. Aquí podemos elegir entre CPC (opción por defecto) y CPM (que te facture cada mil impresiones).

En **tipo de entrega** te recomiendo que escojas estándar. La acelerada lo que hace es hacer que tu anuncio se muestre más veces y se consuma más rápido el presupuesto, cosa que no te interesa salvo contadas ocasiones como que tengas cierta urgencia en promocionar algo y obtener resultados (última llamada 24h) y situaciones similares.

Por último te falta asignarle un nombre y ya tienes tu grupo de anuncios creado.

Genial, ya tienes creado tu grupo de anuncios, ahora ya sólo te queda crear tu anuncio y ya tendrás tu primera campaña publicitaria creada.

Crea tu primer anuncio

En este apartado vamos a ver Cómo crear tu anuncio. Esto es lo que verdaderamente se le muestra a tu cliente potencial.

Hasta ahora hemos definido características como el presupuesto, a quién lo mostramos, etc. En este bloque nos centraremos en el anuncio en sí mismo.

Formato

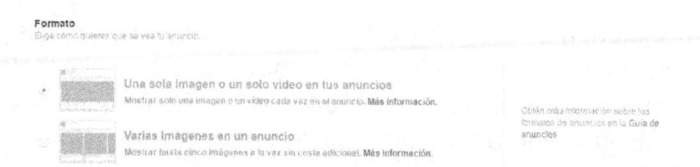

Esto básicamente especifica si queremos un anuncio "habitual" o por el contrario queremos mostrar diferentes imágenes en el anuncio.

Aquí puedes verlo de forma más gráfica

Una imagen

Varias imágenes (carrousel)

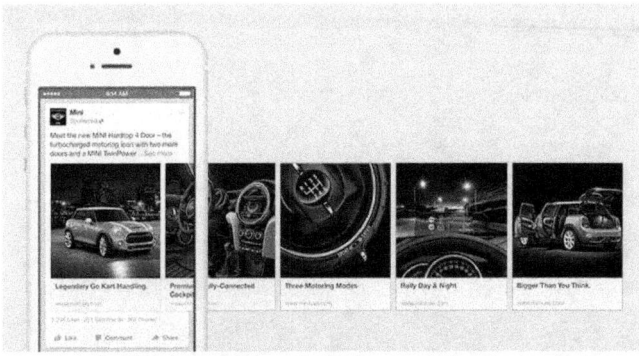

El carrousel sólo lo mostrará en la sección de Noticias puesto que en la barra derecha no hay espacio para ello.

Contenido multimedia

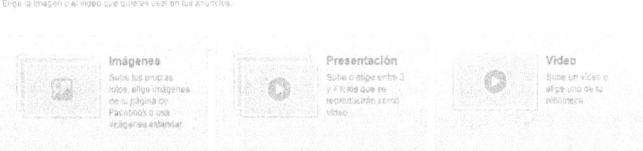

Aquí básicamente puedes elegir entre:

- **Subir una imagen** existente en tu página de Facebook o súbela de nuevo manualmente
- **Presentación.** Elige 3-7 fotos y te crea un vídeo juntando esas imágenes
- **Video.** Elige un vídeo de tu página de Facebook o sube uno que tengas en tu ordenador

Esto únicamente has de informarlo en caso de que no quieras que aparezca la imagen por defecto que tienes en la página web a publicitar.

Página y enlaces

Esta es la sección donde realmente configurarás el anuncio en sí mismo. En el bloque de la derecha tienes la vista previa del anuncio en cada uno de los dispositivos y lugares en que se mostrará (lo configuraste en el grupo de anuncios). El bloque de la izquierda es para configurar los elementos del anuncio. Según vayas modificando en la parte izquierda, irás viendo los cambios en la parte derecha en tiempo real.

Ya estamos a puntito de tener tu anuncio listo, voy a explicarte las secciones una a una para que así lo puedas publicar en 5 minutos.

Página de Facebook. Lo primero que has de seleccionar es la página de Facebook en que se mostrará el anuncio. Si sólo dispones de una página de fans, la seleccionará de forma automática. Si gestionas varias debes pulsar en el menú desplegable y elegir la que quieres.

En este ejemplo podrás ver mi página de Facebook (www.facebook.com/ivandebenitocom).

Si todavía no me sigues en Facebook te recomiendo hacerlo, allí comparto contenido interesante y webinarios en directo. (http://www.facebook.com/ivandebenitocom)

URL del sitio web. Cuando hagan click en el anuncio... ¿a dónde han de ir? Eso es lo que especificas en este apartado.

Título. Es lo que aparece justo debajo de la imagen (o vídeo) en negrita. En este caso pondremos... "Descubre cómo crear tus mejores anuncios con Facebook Ads". Este texto es CON DIFERENCIA lo que más captura la atención de tu cliente junto con la imagen que escojas.

Texto. Lo que deseas que aparezca antes de la imagen de tu anuncio. En este caso pondremos una breve explicación sobre lo que trata el libro. Es importante que en tu caso expliques con MUCHA QUÉ estás promocionando y QUÉ beneficios tiene para tu cliente.

Descripción. El texto que aparece debajo del título. Ojo que en este caso sólo aparece en el ordenador.

Llamada a la acción. En este punto puedes o bien elegir "sin botón" y eliminar el botón del anuncio o bien elegir la acción que más se adecue al anuncio. Si por ejemplo estás regalando un PDF gratuito escoge "Descargar", si estás ofreciendo una sesión de consultoría gratuita elige "Reservar"...

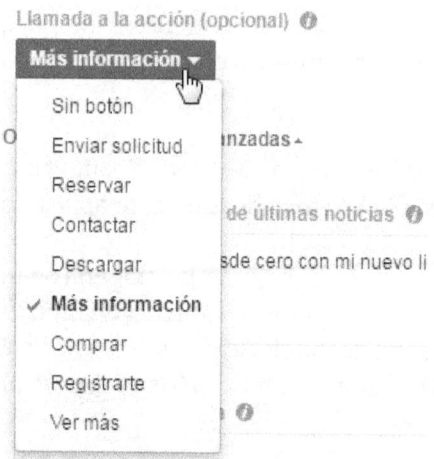

Y voila... ¡enhorabuena, ya tienes tu primer anuncio creado!

Fíjate cómo va quedando en la versión móvil. En la parte superior tenemos el texto, luego la imagen, el título y el botón de "más información".

En el caso del ordenador, además aparece la descripción que añadimos

Para ir viendo cómo queda en cada uno de los dispositivos únicamente es necesario hacer clic encima del texto y se desplegará (fíjate en la imagen).

Además de esto verás que hay opciones que aparecen con una "X". Eso significa que no hay vista previa porque esos dispositivos no los has seleccionado en el grupo de anuncios.

Ha llegado tu momento de gloria. Abre una botella del mejor vino, llena una copa, y pulsa en 'Realizar pedido' mientras degustas su intenso aroma.

Puedo olerlo desde aquí.

Ahora sólo te queda que Facebook revise y apruebe tu anuncio. Una vez publicado Facebook te lo notificará en la sección de últimas noticias y mediante un email.

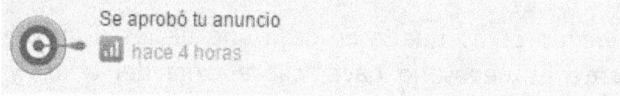

Además verás que aparece en 'verde' en la sección de campañas, grupos de noticias y anuncios con un texto que pondrá "Activa".

¿Has llegado hasta este punto? Wow, enhorabuena. ¿Por qué no descorchas la mejor botella de vino que tengas y celebras todo lo que estás mejorando en atraer clientes a tu negocio? (También sirve una taza de té)

9. MIDE Y VENCERÁS

Ya tienes tu primer anuncio creado. ¡Enhorabuena! Ahora ya puedes generar ventas a voluntad.

Pero hay algo tanto o más importante que controlar tus ventas: controlar las acciones clave que hacen tus clientes en tu página. Eso te permitirá responder a preguntas cómo... ¿cuántos euros pago por conseguir un cliente? ¿cuántas personas no compran? ¿qué acciones clave hacen antes de comprar?

Imagínate que tienes un comercio electrónico. ¿Cuál es tu objetivo final? Vender tus productos, ¿cierto?. Ahora quiero que desgloses ese objetivo final en pasos... Párate un segundo a pensarlo, toma papel y bolígrafo y escríbelos si quieres en una hoja para tener más claridad.

¿Lo tienes?

Quizá se parece a algo así:

- Paso1. El cliente entra en tu web
- Paso2. Consulta la sección de camisetas
- Paso3. Mira un modelo de camiseta concreto
- Paso4. Añade al carrito esa camiseta
- Paso5. Va a la página del carrito a ver cuánto suma con los gastos de envío
- Paso6. Compra tu camiseta

Pero... ¿cuántos se quedan en el paso3? ¿y en el 5 cuando ven los gastos de envío? Quizá el usuario que se quedó en el paso3 piensa que el precio es "caro", y con una pequeña rebaja se animaría. Quizá el que se quedó en el paso5 cree que los gastos de envío son excesivos, y ofreciéndole los gastos de envío gratuitos se decidiría a comprar.

Por norma general no te voy a aconsejar bajar tus precios. Entiendo que si no son desproporcionados los has puesto por algún motivo. Ahora bien, en este caso fíjate en una cosa... quizá rebajando el precio como excepción "no ganes nada" con esta primera compra...pero ganas un cliente de por vida. Y estoy seguro que ese cliente, si le ofreces lo mejor de ti, comprará y volverá a comprar una y otra vez. Por tanto, el beneficio no está en el corto plazo, si no en el largo plazo.

Volviendo a nuestro tema... está claro que necesitamos algo para medir qué está pasando en nuestra web y poder tomar decisiones de negocio inteligentes mejorando y rectificando a partir de información.

Esto lo vamos a hacer con un elemento que es **"el píxel de Facebook"**.

El píxel de Facebook no es más que un trozo de código web que podemos añadir en cada una de las páginas en las que queramos controlar "qué está pasando".

Y ¿para qué 2 situaciones te recomiendo que emplees el píxel de Facebook?

1) Para configurar una campaña con el objetivo "conversiones".

Facebook necesita saber qué significa para ti una conversión. Si por ejemplo estás buscando aumentar tu lista de clientes potenciales a través del email. En este ejemplo el usuario rellena el formulario para dejarnos su nombre y email. Al pulsar en el botón enviar le llevamos a una página de "gracias". En ese caso tu conversión sucede cuando el usuario ve la página de "gracias", y así se lo indicaremos a Facebook.

2) Para detectar quienes hacen determinada acción y poder luego hacer anuncios enfocados sólo a ellos.

No te descubro nada nuevo si te digo que a lo largo del día tenemos muchas distracciones. Imagina que un usuario entra a tu tienda online de gafas, añade un producto al carrito y en el paso que está a punto de introducir la tarjeta... le llaman por teléfono. Al colgar se dispone a seguir comprando desde le móvil pero llama el portero para decir que hay unas goteras en el edificio... Y para cuando mira el reloj, "¡uy, me marcho pitando al trabajo que no llego! luego lo compro". Y se olvida.

¿Te imaginas que pudieras crear un anuncio específico para ese cliente, con las gafas que tenía pensado comprar y se lo mostraras en Facebook? Pues bien, eso puede hacerse y de hecho empresas como Hawkers o Carrick lo hacen de forma magistral.

Cómo incrustar tu píxel de Facebook

En primer lugar pulsa en las 3 rayitas que aparecen en la parte superior. Una vez dentro, ve a la opción de abajo que pone "Todas las herramientas". Al pasar el ratón por encima aparecerán muchas opciones. Elige "Píxeles".

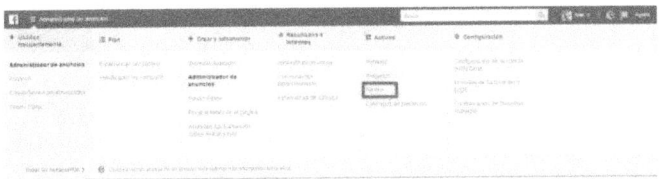

Una vez dentro de esa nueva página verás un tutorial paso a paso para crear tu píxel de Facebook

Pulsa primero en "Crear un píxel" y elige un nombre que te represente

Al pulsar en "Crear píxel" aparecerá una nueva ventana en la que seleccionarás "Insertar el código del píxel". Allí pulsa en la zona inferior para copiar el código del píxel.

Instala el código base de píxel (obligatorio)

Copia el siguiente código y pégalo entre <head> y </head> en el código de tu sitio web. El píxel
realizará el seguimiento de las visitas de todas las páginas de tu sitio web. Obtén ayuda para instalar
tu píxel.

```
<!-- Facebook Pixel Code -->
<script>
!function(f,b,e,v,n,t,s){if(f.fbq)return;n=f.fbq=function(){n.callMethod?
n.callMethod.apply(n,arguments):n.queue.push(arguments)};if(!f._fbq)f._fbq=n;
n.push=n;n.loaded=!0;n.version='2.0';n.queue=[];t=b.createElement(e);t.async=!0;
t.src=v;s=b.getElementsByTagName(e)[0];s.parentNode.insertBefore(t,s)}(window,
document,'script','https://connect.facebook.net/en_US/fbevents.js');
fbq('init', '1154987817925588');
fbq('track', 'PageView');
</script>
<noscript><img height="1" width="1" style="display:none"
src="https://www.facebook.com/tr?id=1154987817925588&ev=PageView&noscript=1"
/></noscript>
<!-- DO NOT MODIFY -->
```

Una vez tengas ese código copiado sólo tienes que copiarlo a
tu página web. Si tienes Wordpress podrás hacerlo fácil, hay
plugins para ello. Si ves que se complica mucho mi
recomendación es que te ayude la persona que te ha creado
la página web. Será mucho más rápido.

Cómo definir objetivos

Ahora que ya tienes tu píxel de Facebook creado e incrustado
en tu página web ha llegado el momento de definir nuestros
objetivos en Facebook. Es decir, ¿cuáles son aquellas acciones
que quieres empezar a contabilizar y medir?

Para ello pulsamos de nuevo en las 3 rayitas de la parte
superior, desplegamos "Todas las herramientas" y allí
seleccionaremos "Conversiones personalizadas".

Ahora lo siguiente será pulsar en el botón "Crear conversión
personalizada".

Fíjate en la pantalla. En la parte superior tendrás el nombre del píxel de Facebook.

En **regla** definiremos la dirección web que indica que hemos llegado a nuestro objetivo. Si tu objetivo es contabilizar los emails que capturas, será la página de "gracias". Si buscas recaptar a aquellos usuarios que se han dejado su carrito a medias, será la dirección completa que lleva al "carro de compra". ¿Comprendes la idea?

En **categoría** le indicaremos a Facebook qué tipo de "objetivo" es.

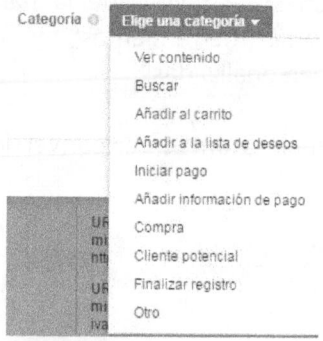

- **Ver contenido.** Queremos contabilizar cuando vea algunas páginas concretas

- **Buscar.** Ha hecho una búsqueda de productos en tu tienda online

- **Añadir al carrito.** Añadió un producto al carro de la compra en tu tienda online

- **Añadir a la lista de deseos.** Pulsó en el botón de "añadir a favoritos" en tu tienda online

- **Iniciar pago.** Pulsó en el botón "pagar" y empezó el proceso de compra

- **Añadir información de pago.** Está en la pantalla en que introduce los datos de su tarjeta.

- **Compra.** Contabiliza cuantas compras has hecho directamente a través de la publicidad en Facebook

- **Cliente potencial.** Este es el objetivo que seleccionarás cuando quieras captar datos de tu cliente potencial como el nombre y email. También sirve para tener en cuenta cuando un cliente potencial está en cualquiera de las páginas de tu producto.

- **Finalizar registro.** El cliente potencial ha finalizado su registro.

- **Otro.** Si ninguno de los objetivos mencionados anteriormente encaja, siempre puedes crear el tuyo propio.

En ese caso entonces, vamos con un par de ejemplos prácticos.

Ejemplo1

Imagina que quieres crear un objetivo para contabilizar todas las personas que han hecho una búsqueda en tu comercio electrónico. La dirección para buscar un artículo en tu web es www.tuweb.com/buscar/?q=nombre_del_articulo

Por ejemplo. Si están buscando unas deportivas la dirección web exacta sería www.tuweb.com/**buscar**/?q=deportivas

Si buscan unos calcetines www.tuweb.com/**buscar**/?q=calcetines

Cada dirección es diferente y aunque tienen en común la palabra "buscar" (marcada en negrita) con lo cual la mejor opción en "regla" será elegir "la URL contiene".

En este caso nuestro objetivo tendría esta forma:

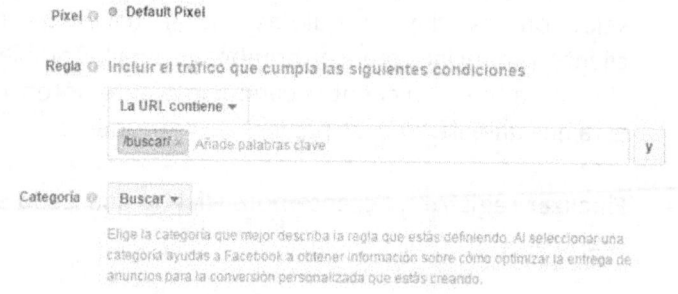

Ejemplo2

En este caso tienes una página web en la que ofreces algo gratuito (pdf, libro, curso,...) a cambio de su dirección de correo electrónico y nombre. Una vez que los han rellenado y pulsan en enviar los rediriges a la página www.tuweb.com/gracias

En este caso la configuración que te propongo es

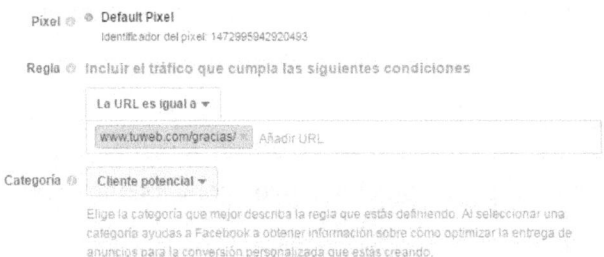

Una vez tengas tu objetivo definido, pulsa en el botón siguiente. En esta pantalla únicamente has de introducir un nombre y si lo deseas un valor numérico al objetivo (si vendes camisetas a 12€ introduce "15€", si sabes que cada cliente potencial promedio cuesta 2€ introduce "2€",...)

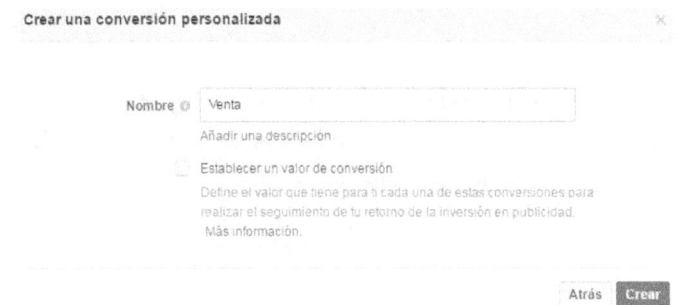

Pulsa en Crear y ya tienes tu objetivo generado.

Cómo usar tus objetivo para crear un anuncio

Al principio del capítulo te hablaba de 2 posibles usos para tus objetivos. Aquí te voy a explicar cómo crear un anuncio con el objetivo "conversiones". En este caso el término conversión es lo mismo que nuestro objetivo.

En ese caso:

1. Crea una campaña con el objetivo "conversiones en tu sitio web"

2. En el grupo de anuncios especifica la conversión (objetivo) concreta que deseas emplear

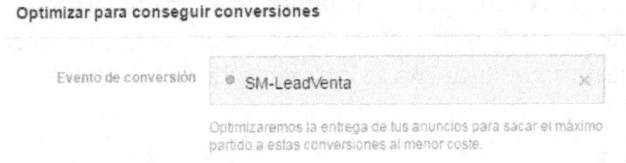

De este modo le estás diciendo a Facebook: "Esto es exactamente lo que quiero conseguir". Y él, como buen comercial, se encargará de que así sea...

10. CÓMO INVERTIR DE FORMA SEGURA EN FACEBOOK

Ya sabes cómo configurar tu publicidad en Facebook pero coincidirás conmigo en que la publicidad ha de ser un medio rentable para captar clientes. Eso fue lo que te prometí en el primer capítulo ¿recuerdas? Y comprendo perfectamente que llegados a este punto te estés planteando "cuánto has de invertir" o "cómo saber y medir el retorno publicitario que estás teniendo".

Para que aprendas a hacer inversiones rentables en Facebook necesito explicarte algunos conceptos más de Marketing que seguro entenderás a la perfección.

Llegados a este punto ya estás familiarizado con conceptos como CPC, CPM, impresiones, clics,... que miden el coste que tiene la publicidad para ti y cómo se invierte ese presupuesto. Pero, coincidirás conmigo en que, para saber si la publicidad es rentable nos hace falta algo más. Necesitamos dar un paso atrás y observar la inversión publicitaria en conjunto con respecto a nuestro negocio.

Esta regla que vamos a ver a continuación van a ser tu "colchón de seguridad", lo que te va a arrojar los resultados directamente y va a permitirte observar si tu inversión es rentable o no... y dar la señal de alarma cuando hayas de cambiar algo.

La ecuación de la rentabilidad

Para ver ese retorno de la inversión tenemos 2 indicadores que nos dan la clave. El CA (coste de adquisición) y el LTV (life time value, o valor en el tiempo de vida del cliente).

Por lo tanto, ten presente siempre esta frase. **"Para que una inversión en Marketing sea rentable el CA ha de ser siempre inferior a LTV. Es decir CA < LTV"**

Cada una de estas métricas y valores responde a una pregunta.

CA: ¿Cuánto me cuesta cada cliente potencial?
LTV: ¿Cuánto dinero invierte el cliente en mi a lo largo de su vida?

Te pongo un ejemplo para que lo comprendas mejor. El tiempo mínimo que un entrenador personal entrena a sus clientes es 3 meses. Si cada mes les cobra 320€, su LTV es de 960€ (320 x 3)

Más allá de la cantidad diaria que inviertas o el coste por cliente. Has de prestar especial atención a estos 2 indicadores. Esos son los que mandan y no tanto otros indicadores.

¿Comprendes ahora por qué las compañías aseguradoras invierten tanto en conseguir clientes? Vamos con un par de ejemplos para que veas la potencia de lo que te acabo de explicar.

Ejemplo Amazon.com

Seguramente sabrás que Amazon vende mucho por 2 motivos: invierte mucho en publicidad y siempre tiene los mejores precios. Si comparas, verás que siempre tiene los precios más competitivos del mercado. Busques donde busques, siempre suele tener mejores tarifas. Incluso en muchos casos, su precio es inferior al coste del producto.

¿Inferior? Sí, sí. Quiere decir que si por ejemplo venden un pack de Playmobil a 50€, quizá les ha costado a ellos 70€. Llegados a este punto la intuición se vuelve loca... piensas... "¿me estás diciendo que pierden dinero en cada venta?" y yo te respondo... sí, eso mismo, porque ellos conocen el poder del LTV.

Saben que si tienen precios más competitivos la gente les comprará más. Saben que en la primera venta es posible que pierdan dinero... al igual que saben que, la gente que compra con ellos repite, repite y vuelve a repetir. Entonces, siguiendo con el ejemplo, en la primera venta igual han perdido 20€, pero en unos meses, esa persona volverá para comprar un libro. Y ya no tendrá que haber invertido en marketing para atraer a ese usuario (ya es usuario suyo). Y en ese momento empezará a ganar dinero. Mucho dinero.

Por eso puede permitirse un CA alto, porque su LTV es superior al CA.

Ejemplo entrenador personal...

Imagina que eres un entrenador personal. Tu tarifa por hora es 30€ pero vendes paquetes de 8 sesiones (240€).

¿Cuánto puedes invertir en captar clientes? Yo te digo que hasta 240€ (aunque nunca llegarás a esa cifra). ¿Y por qué? Porque estoy seguro que tus clientes están contigo más de 1 mes.

Vamos a hacer cálculos...

- Inviertes **200€ en publicidad** cada mes y con ello obtienes **40 contactos potenciales.** Es decir, tu CA es de 5€
  - De esos 40 contactos sólo consigues 2 clientes
  - 480€ - 200€ = **280€ de beneficio SOLO en el primer mes!!!**

Pero... ¿y a partir de ese primer mes? Son 480€ de beneficio LIMPIOS. Ese es el poder del LTV. ¿Ves por qué te insistí en el capítulo 2 que el marketing es una estrategia en la que no hay que ir a corto plazo?

¿Qué presupuesto diario invierto?

La pregunta del millón.

Estoy seguro que te estás planteando en este punto cuánto dinero invertir en tus campañas publicitarias cada día. Aquí tienes mi respuesta: la cantidad con la que tú te sientas cómodo/a, lo importante es empezar.

Puedes empezar invirtiendo 5-10€ al día, viendo "si salen los números" y cuando veas que tu CA (lo que te cuesta un cliente) es menor que tu LTV (el dinero que invierte tu cliente en ti durante el tiempo que trabajéis juntos) llega el momento de ir escalando progresivamente ese presupuesto diario para ir aumentando la facturación de tu negocio.

No te recomiendo que pases de 5-10€ a 100€ diarios de golpe. Haz la ascensión progresiva, un poquito cada día, puesto que, en mi experiencia, cuando se hacen cambios tan bruscos de inversión en poco tiempo, Facebook se vuelve un poco "descuidado" con tu presupuesto. Así que ve aumentando 5€ cada día por ejemplo hasta llegar a los 100€ al día. Eso hará crecer tu facturación.

Lo importante de aquí es que no olvides todo lo que hemos visto en capítulos anteriores: ten un cliente claro, un objetivo claro y un mensaje claro... con eso lograrás los mejores resultados.

¿Cómo sé que mi anuncio funciona?

El objetivo de tu anuncio es sólo uno: traer clientes potenciales a la puerta de tu negocio. No es vender directamente, para ello hay procesos que ocurren "detrás de las cámaras" que te ayudarán a lograrlo. (Si quieres profundizar te recomiendo mi programa SUPERMarketing)

Sabrás que tu anuncio funciona si:
- Has configurado un anuncio para "Atraer personas a tu sitio web" y no te cuesta cada clic de ellos 7€
- Has configurado un anuncio para "Aumentar las conversiones en tu sitio web" y no te cuesta cada cliente potencial 70€ (salvo que al final del proceso vendas productos o servicios de más de 700€)

Es decir, tu publicidad funciona cuando tu anuncio cumple su objetivo: traer clientes potenciales a la puerta de tu negocio.

¿Cuál es la anatomía del anuncio perfecto?

Iván de Benito
Publicidad · ⊛

👍 Me gusta esta página

¡Haz crecer tu negocio sin estrés! ¿Sientes que tienes que perseguir a tus clientes? ¿Eres un excelente profesional pero te cuesta vender? ¿Te gustaría ofrecer lo mejor de ti al mundo a través de Internet?
¡INSCRÍBETE AL PROGRAMA SUPERMARKETING Y TE AYUDARÉ A TENER UN NEGOCIO PRÓSPERO!

Inscríbete al **PROGRAMA SUPERMAKETING**

Inscripciones abiertas para el PROGRAMA SUPERMARKETING
Quedan sólo 80 plazas con un descuento increíble. Garantía 100% devolución...

IVANDEBENITO.COM

Reservar

TEXTO: ("Haz crecer tu negocio...") Aquí te recomiendo que hables de los problemas que tiene tu cliente o de las cosas positivas que desea obtener.

FOTOGRAFÍA: Sin duda uno de los factores que más influye en el porcentaje de clics. Elige imágenes de buena calidad que produzcan emociones en las personas.

TITULAR: ("Inscripciones abiertas...") Este punto es el 2º con más importancia después de la imagen. Te recomiendo que lo emplees para reforzar y resumir el mensaje principal. También es ideal para llamada a la acción "Compra ahora tu entrada".

Créeme, parece sencillo (y lo es) y va a proporcionarte unos resultados increíbles en tu negocio.

¿Adivinas lo que sucede si muestras el mensaje correcto, a las personas adecuadas llamando su atención? Ya te lo adelanto: Más visibilidad y ventas para tu negocio.

Por eso, no subestimes todo lo que estás aprendiendo en este libro porque aunque te parezcan pequeños pasos (o grandes), las consecuencias de aplicar estas pautas en el rendimiento de tus anuncios van a marcar una gran diferencia.

Llegado a este punto ya conoces mucho más que muchos otros profesionales que no se "lanzaron" a comprar este libro.

Enhorabuena, estoy seguro que vas a hacer unos anuncios estupendos.

11. IDEAS PARA USAR DIRECTAMENTE EN TU NEGOCIO

Me encantan las ideas. Soy un fiel seguidor de las ideas porque, una nueva idea es capaz de abrir nuevas posibilidades que antes de esa idea no existían. En mi opinión, el valor no está tanto en la idea en sí, si no en el potencial que encierra si se usa.

Las ideas que no plasmas se quedan sólo en la mente. Son sólo sueños y en sueños se quedan. Y si se quedan sólo en ensoñaciones mentales, nunca verás resultados tangibles en tu negocio.

Con la intención de animarte a emplear todo lo que has aprendido en este libro te lanzo varias ideas para que escojas y pongas en marcha en tu negocio. Son sólo eso, ideas, así que no te ciñas exactamente a ellas... cógelas, dales la vuelta, cámbiales el color, moldéalas a tu gusto, madúralas pero, por favor, ponlas en marcha.

Un negocio que no actúa es un negocio que no cambia. Y un negocio que no cambia es un negocio que muere.

Ideas si eres un profesional independiente (coach, abogado, nutricionista, profesor de yoga,...)

- Crea un recurso gratuito y ofrécelo en tu web.
- Haz una promoción por tiempo limitado para ofrecer una sesión de prueba
- Ofrece una oferta irresistible a través de tu web a la que no pueden acceder desde otro lado (y empieza a generar tu base de datos de nombres y emails)

- Crea una campaña para promocionar tu nuevo libro
- Haz una campaña para que tu cliente ideal lea el maravillo artículo del blog que acabas de escribir
- Promociona un vídeo que acabas de subir a Facebook para que tu cliente ideal lo vea
- Promociona el evento presencial que vas a hacer en tu ciudad
- Haz un webinario y promociónalo con Facebook Ads
- Haz un Facebook Live (vídeo en directo de Facebook) y promociónalo

Si eres un local de calle

- ¿Inauguras tu negocio? Perfecto, haz una promoción en Facebook para ello
- Si estrenas tu página web y aceptas pedidos online asegúrate de que todo el mundo del vecindario lo sepa (puedes introducir los códigos postales de tu zona)
- Haz una promoción especial sólo válida a través de Facebook y muéstrasela a las personas que pasan por tu zona (o a toda la ciudad si lo deseas)
- Si eres una cafetería, restaurante, etc. y en tu local hay súper buen ambiente...nada mejor que grabar un vídeo profesional (o con el móvil) mostrando lo que las personas experimentarán al estar en tu local... y por supuesto promociónalo con Facebook

Si tienes un comercio electrónico

- Muestra tu producto estrella a personas interesadas en él
- Ofrece un código promocional a tus fans durante 24h para los pedidos recibidos durante esa fecha
- ¿Qué tal ofrecer sólo durante 48h los gastos de envío gratuitos?

- Tírate a la piscina y haz una prueba de vender tu producto a otro país. ¡Empieza a internacionalizar tu empresa!
- Graba vídeos explicando cómo usar tu producto, las características que tiene y por qué son importantes... luego, publicítalo en Facebook
- Graba un vídeo comparativo de 2 productos tuyos similares explicando las diferencias... luego, publicítalo en Facebook.

En definitiva... tengas el negocio que tengas.

Educa a tus clientes. Muéstrales tus conocimientos, explícales y lo mucho que puedes ayudarles. Cuéntales todo lo que necesitan saber para tomar buenas decisiones. ¿Adivinas a quién irán a comprar cuando lo necesiten?

Hazles vivir experiencias. Aunque no hayan trabajado contigo... hazles que se imaginen cómo sería. Aunque no hayan comprado en tu tienda... hazles vivir la misma experiencia que sentirán.

Muéstrate tal cual al 100%. Las personas no compramos clones. No te olvides de mostrar tu personalidad tal como es. En contra de lo que pueda parecer "tus rarezas" o aquello que quieres ocultar, es precisamente lo que te diferencia del resto. ¡Muestra el lado más real de tu marca personal!

12. HASTA QUE LA MUERTE NOS SEPARE

Pues bien, ya hemos llegado al final del libro. Aunque mi compromiso contigo va a ir mucho más allá de este rato que hemos compartido juntos.

Ahora ya conoces mucho más que el 80% de profesionales y empresarios y te felicito por haber dado un paso valiente y haber confiado en mí para acompañarte. Este libro ha supuesto un buen punto de partida para tu negocio y espero que después de leerlo estés lleno de ideas y conocimientos... y que los pongas en marcha.

Mi compromiso contigo es hasta que la muerte nos separe, como las mejores historias de amor. Y como sé que es súper importante estar actualizado, sobre todo en temas tecnológicos, quiero ofrecerte un regalo.

> **VALE POR ACTUALIZACIONES DE POR VIDA DEL LIBRO**
>
> Te regalo actualizaciones de por vida a la edición digital de este libro (en PDF).
>
> ¿Si añado información? La tendrás. ¿Si alguna cosa de lo que te expliqué cambia? Lo tendrás.
>
> Accede a mi página
> www.ivandebenito.com/bonus-facebook
> y descárgate allí este REGALO.

Deseo de corazón que te haya resultado súper útil todo el contenido e ideas que encontraste en este libro. Y que te hayas divertido en el proceso mucho.

Si te gustó y quieres ayudar a otros profesionales a que aprendan lo mismo que tú ahora conoces:

- deja tu opinión en la página de Amazon
- recomiéndales este libro para que lo compren

Ahora llega la parte más importante para la que fue escrita este libro: hacer uso de lo que aprendiste y diseñar campañas de publicidad exitosas en tu negocio.

Aquí me tienes para lo que necesites, no dudes en escribirme. Me encantará que me cuentes lo bien que te han funcionado las campañas publicitarias.

Feliz negocio. Feliz vida.

AGRADECIMIENTOS

A mis padres, a mi hermana y a mi familia por haberme dado la infancia feliz que cualquier niño desea.

A mi pareja por su incansable apoyo y por ayudarme en la revisión del libro.

A personas importantes en mi vida como Ana, Mag, Pamela, Miguel, Kike, Melissa, Héctor, Tania, Tomeu, Isa, Pedro, Vane, Raúl, Eugenia, Marta, León,...

A todos y cada uno de mis clientes, por confiar y dejar que les ayude en sus negocios.

Y sobre todo a ti, porque cuando viste el libro decidiste confiar en su valor

SOBRE EL AUTOR

Iván de Benito es consultor en Internet y **ayuda a profesionales y empresas a aumentar sus ventas usando estrategias digitales efectivas.**

Ingeniero Informático, muy pronto renunció a un trabajo estable y decidió iniciarse en el apasionante mundo de las empresas en Internet. Estos últimos años ha fundado varias compañías en Internet. Zampalo.com (adquirida por SinDelantal.com), JobLinker.com,... también ha participado en diferentes charlas y coloquios para impulsar el emprendimiento.

Su misión actual es divulgar herramientas y compartir estrategias prácticas que ayuden a cualquier negocio a impulsar su visibilidad y ventas a través de Internet.

En paralelo es profesor titular en el MBA y Máster en Turismo Digital de las Islas Baleares.

Para más información visita su web
www.ivandebenito.com